原発被災地の復興シナリオ・プランニング

金井 利之・今井 照

編著

公人の友社

本書について

　私たちは 2013 年以来、研究会を組織して、東京電力福島第一原子力発電所の過酷事故に伴う原発被災者の生活再建と原発被災地の復興のあり方について調査と研究を重ねてきた。特に、いまだに全域避難を強いられている福島県富岡町の復興計画策定過程に伴走しながら、自治体という政治的・行政的な共同体のあり方についても考察を深めてきた。
　その成果の一部は 2015 年に『地方創生の正体―なぜ地域政策は失敗するのか』(山下・金井 2015) として公刊している。本書では、そこでは触れることができなかった原発被災地の復興のあり方に焦点を当て、被災者の意思に基本をおいた現況の分析と、今後の復興シナリオ・プランニングについて考えたい。
　誰でもすぐに想像がつくように、原発被災地の再建は簡単なことではない。そもそも放射性廃棄物の無害化という科学技術上の問題解決技法が開発されていない以上、資金を投入すれば何とかなるというレベルにすら到達していない。世界史的、人類史的な時間を必要とする。一方、被災者・避難者の生活再建は喫緊の課題である。
　こうしたなかで、国は順次避難指示の解除を進め、避難指示の解除とともに被災者・避難者への支援と賠償を打ち切ろうとしている。本来、時間をかけるべき原発被災地の再建を「加速化」し、急ぐべき被災者・避難者の生活再建を断ち切るという全く逆の政策を取ろうとしている。この結果、避難指示が解除されても実際にかつて暮らしていた地域に帰って生活を再開できている人はきわめて少ない。これらの状況をどのように考えたらよいのか。
　第一に国の立場を考えると、避難指示を解除し元の環境に戻ったと示すこと自体が目的であるようにみえる。2020 年の東京五輪の招致演説[1]にあっ

たとおり、それが国の国際公約でもあり、与党からの数度の提言には東京五輪までに問題を片づける（＝見えないものにする）という姿勢が滲み出ている[2]。まるで1964年東京五輪の際に「首都美化運動」と称して、当時の貧困な町並みの景観を「見えなくした」のと同じである。

したがって国にとっては地域に何人の住民が帰ってくるかはあまり問題ではない。帰れる状態にあると宣言すること自体が国の意図だからである。こうした国の意図にぶら下がる形で進められている除染や研究施設等の誘致などは、原発誘致の構造と何ら変わらない従来型の「公共事業」を再生産しているだけのようにみえる。

第二に住民が帰ってこないのは現在の環境に対する社会の無理解や誤解があるからという見方もある。事故当時と比較すれば放射線量は大幅に低下し、廃炉作業も段階的に進んでいるという現況が理解されれば「風評被害」もなくなり、避難者も健康不安から解放され原発被災地は再建に向かうという意見である。与党提言の立場に近い。そのために放射線教育や原発廃炉過程などの啓発を進めている人たちがいる。

第三に依然として原発被災地は危険であり、被災者に対して十分な賠償をすることで移住を促進させ、原発被災地は核廃棄物の貯蔵場所として活用し、国が直轄管理をするべきという主張も一部にある。原発立地町村の合併や連

1　安倍首相は2013年9月8日のIOC総会における東京五輪招致演説の冒頭で、Some may have concerns about Fukushima. Let me assure you, the situation is under control. It has never done and will never do any damage to Tokyo.（福島について、お案じの向きには私から保証をいたします。状況は、統御されています。東京には、いかなる悪影響にしろ、これまで及ぼしたことはなく、今後とも、及ぼすことはありません）と語った。またその後の質疑においては日本語で、「まったく問題ない。ヘッドラインではなく事実をみてほしい。汚染による影響は福島第一原発の港湾内の0.3平方キロメートルの範囲内で完全にブロックされている」という主旨の発言をしている。

2　2016年8月24日に発表された与党提言「東日本大震災・復興加速化のための第6次提言」においても、「2020年東京オリンピック・パラリンピック競技大会の前までに実現できれば、世界中の人たちが評価してくれる」とある。

携を提言する立場もこれに近い。この結果、福島第一原発を中心とする広大な面積（帰還困難区域だけで山手線内側のおよそ5倍以上）の土地は国土のエアポケットのような空間となり、文字どおりの原発ムラが再構築されることになるだろう。

いずれの考え方についても、それぞれの立場がありうるということは理解できないわけではないが、どの選択を取っても重要な何かを失ってしまうことは確かだろう。もちろん、その前にそもそも原発被災地の復興とはどのような状態を示すのかという共通理解がなければ、議論は虚しい空中戦を展開するのみで生産的ではない。

私たちが考える原発被災地の復興とは、この災害が事故である以上、事故責任者が負うべき責務によって事故前の状態に戻すことにある。それは被災者の生活再建においても、被災地の空間再建においても同様である。もちろんそれは簡単なことではないし、ひょっとしたら事実上不可能かもしれない。既に6年近くの時間が経過していることから考えると、少なくとも個々の被災者が経験した時間を取り戻すことはできないことは明らかだからである。

しかしあくまでも基本はここにあり、すべてはここから出発する。たとえば交通事故の場合、けがの治療のための医療費の補償はもとより、仮に治癒と判断されても身体が元の状態に戻らず、事故前の環境を回復できないのであれば、事故前の生活水準を保障する賠償が支払われる。つまり、あくまでも元の状態を基準にするのが賠償の考え方であり、それが事故としての原発災害における復興という意味である。

ところが、原発災害においてはこの責任が果たされようとしていないばかりか、現在でも責任の所在すら明確にはなっていない。これだけの人為的な大事故で刑事責任が問われていないというのは異常としか言いようがない。にもかかわらず、既に被災地は「別の町」になろうとしている。このような状況に対して本書で私たちが提案するのは、複数の長期シナリオを前提とした「通い復興」（空間管理型復興）である。

本書の構成は第1章を金井利之（東京大学）執筆の総論とし、復興シナリオ・プランニングを作成する意味や現在進行しているシナリオの分析、さらに被災当事者の意見をもとにして想定したシナリオのパターンを提示している。第2章では、第1章で提示されたシナリオパターンのイメージを膨らませるために、高木竜輔（いわき明星大学）、市村高志（とみおか子ども未来ネットワーク）、今井照（福島大学）が各パターンについて執筆をしている。第3章では、特に富岡町の復興計画策定過程について佐藤彰彦（高崎経済大学）が分析をし、第1章の総論の前提となっている被災当事者の意見地図を提示する。また、被災者の生活再建と被災地の空間復興に資するための制度化提案のひとつとして提言されてきた「二重の住民登録」をめぐる議論について今井が整理する。最後に本書の成り立ちの基礎となっている自治体再建研究会の経緯について今井がまとめている。

　本書はそれぞれの執筆者による個別論文の集成であり、執筆者間の意見を調整しているわけではない。執筆のスタイルや用語もあえて統一していない。しかし3年余りの議論の中で、一定の方向性は共有できているのではないかと感じている。研究会には執筆者以外にも多数の研究分担者や研究協力者が参加し、ときにゲストとして被災当事者、国や自治体の行政関係者、メディア関係者、研究者などを招き議論を展開してきた。また新潟、岡山、広島などを訪れ、福島はもとより全国からの広域避難者やその支援者たちにもお話を聞くことができた。もちろん立場や意見の相違はあるだろうが、本書はこれらの方々の総意の上に成り立っていると言っても過言ではない。改めて感謝を申し上げたい。

　　2016年11月

　　　　　　　　　　　　　　　　　　　　　　　　　　　　　　自治体再建研究会

目次

本書について …………………………………………………… 3

第1章　総論 ……………………………………………………… 9
　はじめに ………………………………………………………… 10
　第1節　自治体にとっての長期計画 ………………………… 11
　第2節　長期シナリオなき趨勢 ……………………………… 19
　第3節　住民の声から導出される富岡町長期シナリオ …… 22
　おわりに ………………………………………………………… 44

第2章　3つの長期シナリオ …………………………………… 45
　第1節　被害者シナリオ〜追及の物語〜 …………………… 46
　第2節　反省シナリオ〜悔恨の物語〜 ……………………… 61
　第3節　凍結シナリオ〜待機の物語〜 ……………………… 73

第3章　シャドープラン ……………………………………… 87
　第1節　計画編：再建シナリオ〜もう一つの物語〜 ……… 88
　第2節　制度編：二重の住民登録 …………………………… 122

おわりに ……………………………………………………… 138
　〈参考文献〉 …………………………………………………… 146

第 1 章

総論

金井 利之

はじめに

　研究会の当初から危惧されたように、除染と巨大なインフラ・施設建設事業に終始する「復興」事業が前面化し、「加速化」と称して被災住民の焦りを煽り、為政者及び国民の忘却の「加速」と被災者の諦念の「加速」とが進み、「補償」・「支援」と称する被災者間の分断が起き、「補償」を受けた人々へのスティグマが付与され、国からの自治体への国内暴力（ＤＶ）的恫喝と自治体為政者の国に対する忖度・追従というサド＝マゾ循環が発生する、などの事態が生じている（赤木1977、山下他2013）。

　こうしたなかで、研究会は、富岡町の第2次復興計画づくりと伴走しながら、事態の推移を同時並行的に調査研究してきた。同計画の策定過程では、寄合ワークショップ的な手法を活用しながら、住民の意思を虚心坦懐に収集し、有り得る、または、有る可き様々な「道」が存在することが、参与観察された（山浦2015）。しかしながら、現実の富岡町政は、国・県の復興政策の軛、コンサルタントや専門家の立ち位置、事業者の思惑などの構造に拘束され、現時点では特定の政策に収斂しつつある。とはいえ、上記の通り、実際の過程では様々な分岐点は存在して来たし、恐らく、今後も可逆点・分岐点に逐次直面することであろう。

　そこで、研究会の調査研究をもとに、現実の選択と、有り得る多様なシナリオを対置することで、現時点での研究成果を取りまとめるとともに、現時点では時期尚早としても、将来の人々への復興へのナビゲーション（航法指針）に資することとしたい。

第1節　自治体にとっての長期計画

(1) 長期計画の必要性

①総説

　自治体は、自らの地域社会をトータルに踏まえて、将来の望ましい状態を形成するために、長期的な期間を想定した計画を策定し、その後の進展などの情勢に応じて多様に適応しつつも、大きな方向性を定めることが必要である。こうした計画は、勿論、将来的に改定することは有り得るものであり、無批判に墨守すべきものではない。しかし、こうした計画もなく、漫然と場当たり的に生起する事件・事態や、国などから外来的に投下される政策などに振り回されていたのでは、自治体は漂流と迷走を続けるだけになる。自治体などの政府は、しばしば船に喩えられるが、その意味で運営にはナビゲーション（航法指針）が必要である。

　こうした役割を持つのが、長期計画である。実際に策定される長期計画の名称は多様である。「構想」「計画」（「基本計画」「プラン」などもその一種）「大綱」「方針」「指針」「ビジョン」「綱領」「プログラム」「マニフェスト」「戦略」など、色々に命名することはできよう。ここでは、「長期計画」と総称しておく（金井2014）。

　なお、自治体は、個別の目的や政策分野などに応じて、特化した計画を策定することもある。例えば、高齢者保健福祉に特化して「高齢者保健福祉計画」などを策定し、また、それを包括することで、「地域福祉計画」を策定することもあろうし、介護保険事業計画という具体的なサービス需給・財政

収支計画を策定することもある。期間の長さ、対象領域の広さ、内容の詳細性、実施への近さなどは様々であるが、これらは、地域社会の中長期計画ではあるが、保健福祉だけが地域社会のトータルな将来像を示すことはできない（金井 2010）。本稿では、こうした個別計画に留まらない、包括的な政策分野や地域社会・住民を対象とする、長期計画を想定する。

②総合計画

実際にも、自治体は、多様な長期計画を策定してきた。そのうち、最も普遍的なものが、地方自治法が、2011 年まで基礎的自治体に策定・議会議決を義務付けていた、「基本構想」というものである（神原・大矢野 2015）。これは、法文上も、総合的かつ計画的な行政運営のために策定するということもあって、「総合計画」と総称されてきた。総合計画のうち、基本構想に当たる部分だけは議会議決を要するが、こうした基本構想を含む全体の長期計画群が、総合計画と呼ばれてきた。しばしば、基本構想－基本計画－実施計画の三層体系となってきた。

そして、都道府県は、地方自治法では必ずしも義務づけられてはいなかったが、何らかの長期計画を策定するのが普通となってきた。このように、自治体には広く長期計画の必要性が体得されてきたので、2011 年の地方自治法改正によって、基本構想の義務付けが廃止されたのちも、多くの自治体は、何らかの意味で、総合計画を策定している。

③その他の長期計画

自治体は、様々な状況に応じて、特に、国からの政策的介入などに即応すべく、総合計画以外のその他の長期計画を策定する。例えば、
1）合併自治体：新市町村建設計画
2）財政再生（旧財政再建準用）自治体：財政再生（再建）計画
3）行政改革：行政改革大綱・実施計画、集中改革プラン
4）「地方創生」：人口ビジョン・地方版総合戦略（5 ヵ年）

5）被災自治体：復興計画

などである。

　これらの多くは、自治体が内発的に策定したいと思って策定する長期計画ではない。そのような内発的要請から策定するのは、基本構想などの総合計画で充分だからである。むしろ、自治体にとって、何等かの不幸な事態が外発的に発生したときに、やむなく、しかし、自治体の長期的運営の指針としては何の計画もないわけにはいかないので、受動的に策定に追い込まれたものである。その意味では、「不幸計画」である。

　1）の新市町村建設計画は、自治体合併が自治体の内発的希望に基づくならば、「不幸計画」ではない。しかし、平成の市町村大合併は、「国策自主合併」と矛盾する表現で理解されるように、国政為政者の強い指導・圧力と地方交付税削減の脅威の下で、恐慌的に進められたものである（今井2008）。

　2）の財政再生計画も、単なる自治体による自主財政再建計画ではない。夕張市が「財政破綻」によって準用再建団体となったのは、資金調達が不可能となっていた事態においては、準用再建団体になるしか他に選択肢はなかった。その結果、何十年かかってもよいから、債務を確実に返済するという、財政再建計画（現在は財政再生計画）の策定に追い込まれた。この再建計画も、形式的には夕張市側が総務大臣に「申請」し、総務大臣が「同意」するものに過ぎないが、夕張市が内発的に策定したかった計画ではないし、また、夕張市の希望する返済内容になっているわけではない（光本2011）。

　3）の行政改革大綱や集中改革プランも同様である。自治体が自主的に行政改革や定員削減計画を立てることはあるが、行政改革大綱や集中改革プランは、国から示された「行革指針」に従って、策定を迫られたものである。あえて言えば、財政再建（再生）計画の予防的な計画であり、財政再建計画までは厳しい内容ではないが、似たり寄ったりのものである（金井2008）。

　4）は、2014年に国政が急に打ち出した「地方（まち・ひと・しごと）創生」に伴って、策定が求められたものである。総合計画の策定において、通常は調査段階において人口フレームを設定して人口推計を行う。そして、そのよ

うな推計を前提に、行政需要の見込みなどを勘案して、総合計画という長期計画が策定される。したがって、こうした長期計画は、国に言われるまでもなく自治体は策定していた。しかし、「地方創生」においては、国政側は「消滅可能性自治体」「地方消滅」という脅しをかけ、移住・定住促進による人口確保を図ることへの狂騒を求めて、人口ビジョンや総合戦略の策定を求めるようになった。そして、そのような総合戦略の策定は、国から地方創生関係交付金（＝紐付補助金）を得るための、必要条件とされてしまった。財源難に悩む自治体は、何でもよいから交付金を欲しがり、それゆえに、人口ビジョン・総合戦略も策定せざるを得ないのである。しかし、その長期計画は、消滅可能性を煽って自治体間の共食い競争をさせるという国策の歪んだ土俵を反映したものにならざるを得ない（山下 2014）。

④**復興計画**

被災地では復興計画が全面に登場する。実際の名称は、「復旧」なのか、単なる「復旧」に留まってはいけないという意味で、現状復旧を超える「復興」「創造」なのか、色々のイメージの込め方はあろうが、一般的名称として復興計画と称しておく（小原・稲継 2015、特に第 1 章・天川晃論文、第 9 章・松井望論文）。

復興計画は、被災自治体が立てたくて立てるものではない。事前に策定する防災計画や事業継続計画（Business Continuity Plan;BCP）・緊急時対応計画（Contingency Plan）などとは異なる。あくまで、被災したから、事後的にやむなく策定するものであり、もし策定しないで済むのであれば、つまり、災害前の時点に戻れるならば、その方が望ましいのである[3]。その意味では、復興計画は国策の所為で起因された 1）2）3）4）のような「不幸計画」ではないかもしれないが[4]、「復興の計画」とは「不幸計画」であることは、避けがたいところがある。

復興計画は、ある意味で総合計画そのものであるし、実質的に新市町村建設が必要だという意味では、合併自治体と同様の新市町村建設計画でもある。

復興に際しては、行財政基盤の再建が必要という意味では、行政改革・財政再生的な観点は不可欠であるが、実際には、復興のための財源・人員が国などの外部から獲得する側面が重要になるので、削減的なニュアンスはあまり生じない。むしろ、「創造的復興」などと称して、さらに財政的に拡大する指向性を持つことの方が多いだろう。実際には、被災すると、長期広域避難を契機に、人口流出が起きることもあるので、その場合には、本来は、行政改革的な減量計画が長期的には求められるのかもしれない。しかし、そのような「敗北主義」では、被災に対する長期計画としては納得できないということで、最低でも復元することが期待されるわけである。

　復興計画は「不幸計画」であるが、それゆえに、復興計画の策定それ自体が、不幸を再確認する過程でもあり、当事者にとっては極めて重い作業となる。通常の総合計画であれば、現状の延長線上に長期計画を策定する作業となる。しかし、内容的には総合計画と同じ長期計画でありながら、復興計画は、現状は過去の延長線上には存在しない以上、現状の延長線上に長期計画は描けず、現状の延長線を反転させる試みが必要になってくる。これはある意味では、野心的挑戦なのであるが、別の意味では、不幸をかみしめながら

3　「事前復興計画」または「復興準備計画」という発想は、東日本大震災の前からあったので、復興的計画が事後的であると言い切ることはできない（内閣府2007）。しかし、通常の復興計画は事後的な復興＝「不幸計画」である。

4　福島第一原子力発電所苛酷事故に起因する被災は、国策に起因する側面があると言えよう。原子力発電事業自体が「国策民営」と呼ばれるように、国の政策によって進められていたからである。勿論、津波被害なども、国が津波に耐えうるような堤防を建設していなかった、津波被災に遭いやすい低地居住・営業を禁止していなかった、などを国策と捉えれば、国策によって起こされたとはいえるが、通常は自然災害だと認識されている。原子力発電所事故も、確かに地震・津波がなければ事故は起こらなかったとすれば、自然災害に起因するものであったともいえよう。しかし、国策で進められた原子力発電がなければ起きなかったという意味では、常識的には、国策に起因する面が相当にあったといえる。

第1節　自治体にとっての長期計画

の作業となる。それゆえにこそ、こうしたマイナスの災害を契機に、何とかプラスの方向に反転させるべき、士気を鼓舞する必要が生じる[5]。復興計画という長期計画の策定は、被災自治体にとって不可欠なのであるが、難しい作業でもある。

(2) 住民意思反映をした長期計画

①住民意思

住民の意思反映が、自治体において、計画などの長期計画を策定する際の基本である(チームさかわ 2016)。長期計画の一種である復興計画においても、同様である（日本都市センター 2014）。勿論、復興計画の場合には国からの支援がどの程度為されるかが重要なので、国の支援メニューや財源措置が決まらなければ、復興計画の策定はできないともいえる。しかし、このような国策前置主義の発想では、結局のところ、国策に支配された「自治なき自治体」にしかならない。なぜならば、国の支援メニューと国の財源措置の枠内でのみでの「復興」であり、こうした支援メニューと財源措置を所与のものとして受容することになるからである。

むしろ重要なことは、住民意思を反映した復興計画を根拠に、国に支援メニューや財源措置・法制整備を要求することである。いわば、復興計画は、支援メニュー・財源措置を創出し、これらの制約の枠を拡大していく道具である。勿論、復興計画に盛り込んだことを全て可能にする支援メニューや財源措置がなされるとは限らない。その場合には、復興計画は、実施段階では、

5　後述する富岡町復興計画（第二次）の策定のための町民ワークショップにおいても、「折角だから「町人口長期ビジョン」を作るべき（は）」という意見が出されていたのは、こうした危機を好機にしなければ立ち行かない、という実態を示している。＊ここで「は」と記されているのは、第3章第1節の図3-2（巻末）で掲げられている『意見地図』の当該箇所に盛り込まれている富岡町民の意見のことを指している。以下、本章における囲み内の記号も同じである。

あるいは短期的には、国からの支援・財源の制約枠に再調節する必要はある。しかし、構想段階では、あるいは中長期的には、国に要望する根拠を形成する必要がある。

　富岡町においては、第2次復興計画を町民参加で策定しようとした。その過程で、2014年8月9日10日に住民意見が幅広く表出されている（詳細は第3章第1節参照）。この『意見集』が、民意を反映した長期計画の策定においては、出発点となるものである。その後も、町民参加会議体は、4部会制（「産業再生・創出」「心のつながり」「生活支援」「情報発信」）をとって、さらに意見の表出と汲み上げを続けてきた。こうした各部会で出されていく意見は、上記2014年8月段階での『意見集』を経糸として描かれる、全ての長期シナリオ（後述）にとって、緯糸のように反映できるであろう。

②**複数の長期シナリオ**

　『意見集』に現れる町民の民意は多様である（山本他2015）。したがって、単一の復興計画に無理にまとめ上げることは、かえって危険である。多様な意見を網羅的に盛り込めば、総花的で特色がない復興計画となってしまい、国や世間に対する訴求力を持たない。むしろ、多様な意見のそれぞれを鋭角的に切り出し、エッジの効いた複数の長期シナリオを復興計画として策定したほうが、政策物語（ストーリー）は明解であろう。時系列に沿って復興の過程を示すことは、未来の歴史を予めフィクションとして描くことであり、政策に関する物語である。しかし、それは、現実性（リアリティ）のあるソーシャル・サイエンス・フィクションである。そして、物語の可能性は1つではありえない。複数の長期シナリオがあったほうが、町民間の議論も活性化することが期待される（ハイデン1998）。

　また、将来の事態の推移や趨勢は1つに見通せないので、柔軟な対応の余地を残すため、選択肢として複数のシナリオを持ち続けた方がよいだろう。その方が町政へのナビゲーションとしては、より汎用的であろう。勿論、たまたま町民意見が収斂して、あるときには1つのシナリオにまとまることも

あろう。民意反映としては、それはそれで望ましいといえる。しかし、柔軟な対応の余地を残すには、あえて、民意を収斂させない方が、将来の対応の種となるだろう。

　そして、複数の長期シナリオを持つことは、焦燥を回避することに繋がる。単一の長期シナリオしか持たなければ、「この道しかない（There is no alternative）」ということになり、残されているのは、早いか遅いか（「加速化」するか否か）だけの速度の問題である。そうなれば、国策によって自治体は、急かされ、焦らされるだけである。

　しかも、「今でしょ」（林修）よろしく、「ぐずぐずしていると他にとられてしまう」（復興庁幹部）などと焦らせるのは、実はよい支援メニューを政府側が持っていないからである。善い意味での「待ちの町」になるためには、つまり、熟慮して方針を選択するには、自治体は複数の長期シナリオを持つことが肝要である。複数の長期シナリオを持ち続けるということは、選択肢を持ち続けることであり、いつでも政策判断をする余地を作ることである。それは、単一の復興計画しか持たないことは、計画策定時以外は政策判断の余地を閉ざすことだからである。

第2節　長期シナリオなき趨勢

(1) 展望なき除染作業

　国・事業者・双葉地域各町村の動きを前提に、その方向性の慣性・惰性に沿って将来を予測・推計するだけの趨勢確認は、長期計画の前提である。いわば、富岡町が何も働き掛けないので、富岡町から見れば「航法指針なき漂流」である。これは、富岡（避難）町民や町当局の自主的・自立的復興計画ではなく、国・県・事業等に翻弄されて迷走する姿である。

　町民からすれば、こうした現況事態は、すでにして無ビジョン・無活動と感じられている。あるいは、町民の声や要望は反映されてないと感じられる。こうした事態はある意味で起こりやすいところがある。あまりに対応すべき情勢が大きく、あまりに不確実なので、中長期思考が混乱してしまうのである。そこで、とりあえず、《思考・展望なき作業》としての、「除染」作業のみが進むのが、長期シナリオのない長期趨勢である。あえてシナリオとして読み込むのであれば、「長期シナリオがないという長期シナリオ」である。

```
ＡＢ：無ビジョン・無活動状態
ま：町民の要望や声が反映されていない
```

(2) 二次被害の進行中

　電力会社は、「安定化」「廃炉」作業での巨大発注者として、事故前以上に君臨し続けている。このため、地元住民が作業員となることも数少なくないとはいえ、「竜田一人」氏（竜田 2014）などの部外作業員の大量流入し、被災地は外部者に「占拠」（毎日3000人ともいわれる）されているともいえる[6]。他方で、富岡町エリアは立入禁止が続き、警察による「戒厳令」状態であり、町民の自由な活動は制限されている。

　国も「除染」事業やインフラ整備事業がされれば、巨大発注者であり、当面の土建事業者の生業の可能性を付与することになる。逆に言えば、富岡町民のなかの経済的に有力で発言力のある事業者は、こうした国・電力会社からの受注を拡大することに、自らの意思を傾けざるを得ず、国・電力会社に対して町民・地元業者の側から「寄り添う」事態ともなる。さらに、中期的には、放射性廃棄物中間貯蔵・最終処分場の立地という問題への決着が迫られ、補償金・交付金と「引き換え」という状態にも向かう趨勢がある。

　また、国の復興「支援」なるものは、半ば脅迫めいてきている。「町からの要望がなければ、国としては支援しようがない」（もっとも、町から要望しても、国は気に入らない要望には国は応じないが）、などと言われる。あるいは、「帰還しないのは自由だが、帰還しない人には支援のしようがない」として、支援打切と早期帰還を迫られる（日野 2016）。また、「グズグズしていると、他の町に全部支援事業をもっていかれますよ」などと、他の被災町村と競争させようと煽り焦らせる。

　こうして、同じ被災地である他町村とは、共同して国・県・電力会社に要望をするのではなく、国県から事業・施設誘致競争を煽られる焦燥感と疑心暗鬼に苛まれる。他方で、折に触れ、「官製合併」の危険もある。「官製合併」

6　「ハッピー」氏の場合は、事故当時から作業員であった（ハッピー 2015）。

は、被災町村の団結・連帯と発言力を高めるものではなく、個別町村ごとの住民意思を希釈化し、国・県に従順な多くの町村為政者への多数派工作となって、硬骨の町村為政者を排除するものになってしまう。

(3)「ヤレヤレ詐欺」からの覚醒

　こうして、富岡町も含めて、被災市町村は、「国・県に見放されて大丈夫か？見放されたら大変だ！双葉郡他町村との地域間競争で損をしないか？」となり、「バスに乗り遅れるな」心理に陥った。要は、国・県から復興事業を何でもいいから「ヤレヤレ」と躍らせる事態になっている（山下・金井2015）。

　こうした現状趨勢に乗って除染・施設整備・拠点開発をすると、富岡住民の意向には無縁の「別の町」が出現するであろう。それはもとの町に「復」るという「復旧・復興」ではなく、「改造」「破壊」でしかない。それが、仮に国の「直轄天領」、あるいは、電力会社の「企業城下町」にならないとしても、全国から集まった「作業員の作業員による作業員のための町」となろう（小原・稲継2015、特に第2章・阿部昌樹論文）。

　このような現状趨勢よりは、何も「復興」事業をしないで、未開発地（＝開発の可能性のある土地）を保全する「ゼロ・シナリオ（後述：**凍結シナリオ**）」の方が未来は開けるかもしれない。国策の「ヤレヤレ詐欺」へ踊らされた他の被災町村の廃墟・ゴーストタウン化を尻目に、30年後には莫大な財産となる土地・空間を持てるかもしれないのである。その場合には、現状保全・保守が最善のシナリオになる。「ゼロ・シナリオ」とは、富岡町が政治的・政策的に何もしないで達成でき切るものではなく、むしろ、富岡町による大いなる働きかけを必要とするものである。現状保全には大きな力が必要であり、「無為自然」を実現するためには「作為敢然」が必要である。このように、現状趨勢を相対化して捉え、多様な長期シナリオの可能性を想定することは、自治体の長期計画策定には不可欠である。

第3節　住民の声から導出される富岡町長期シナリオ

(1) 5つの長期シナリオの概観

①**没入シナリオ〜焦燥の物語〜**
　以上のような趨勢は、いわば、富岡町という自治体あるいは富岡町民が主体的に何もしない場合、国・県・事業者などの外界の影響力によって翻弄され、主体性なく漂流する場合である。そこに、主体的な長期計画は存在しえない。
　しかしながら、与えられたこうした「成り行き」という「既成事実」に屈服し、それを追認して自治体という弱い「権限に逃避」し、あたかも長期計画があるかのように仮構することができる（丸山1964）。これが、**没入シナリオ**である。いわば、外界から与えられた状況に没入し、主体的な長期計画の構築を思考停止し、ただ、外界から与えられた状況に急かされて焦燥するものである。その意味で、**焦燥の物語**である。富岡町が主体的な長期計画を構築しない場合には、この**没入シナリオ**が展開されるものとなろう。成り行き／漂流のシナリオと言ってもよい。
　つまり、**第1章第2節**は、直近過去から現状までの歴史的記述であるとともに、将来に延長した場合には、没入シナリオの描写でもあったのである。それは、主体性のないシナリオでもある。

②**主体的な4つのシナリオ**
　しかしながら、富岡町民の意見をもとにすれば、上記のような没入シナリオとは全く異なる将来展望が求められていることが看取される。その長期計

画は、4つのシナリオに分岐する。具体的には、
　〇被害者シナリオ〜追及の物語〜（本節（4）＝第2章第1節）
　〇反省シナリオ〜悔恨の物語〜（本節（5）＝第2章第2節）
　〇凍結シナリオ〜待機の（機を待つ）物語〜（本節（6）＝第2章第3節）
　〇再建シナリオ〜もう一つの物語〜（本節（7）＝第3章）
である。これらは住民意見から抽出されたシナリオであり、机上で検討したシナリオとは異なる（金井 2012a）

　被害者シナリオは、様々な責任を追及することによって、富岡町の長期展望を描く物語である（**本節（4）＝第2章第1節**）。過去を水に流して未来が開けるならばよいが、責任追及なくして未来が開けないこともある。責任を追及しなければ、国・県・事業者という優位な立場にある主体は、「したいことだけする、それ以外は何もしない、知らないふりをする」ということができるのである（知念 2013）。その意味で、**追及の物語**である。

　反省シナリオは、このような事態になったことを反省することから、富岡町の長期的な未来を見据えるものである（**本節（5）＝第2章第2節**）。過去を考えても過去は変わらない。また、反省することは、自分自身の自己反省＝自省と自己批判・否定を含みうるものであり、極めてつらい営みになることもある。**悔恨の物語**だからである。その意味で、被害が継続しているこの時期には、尚早とも思われるかもしれない。また、**被害者シナリオ**からすれば、反省すべきは被害者ではなく、加害者の方であるともいえる。しかし、ドイツでは「愚者は経験から学び、賢者は歴史から学ぶ」というが、日本は経験からも歴史からも学べないとするのであれば、それこそ未来はないと言えよう。そして、実際の住民意見からも、このような反省の指向性の萌芽が看取されたのである。

　凍結シナリオは、外界の圧力の翻弄される現状を抑えるため、一定期間の事態の凍結による鎮静化を図り、将来に向けてのチャンスを待つという長期シナリオである（**本節（6）＝第2章第3節**）。勿論、将来に向けて待機するということは、当面は何もしないということではない。むしろ逆であり、**没入**

第3節　住民の声から導出される富岡町長期シナリオ

シナリオで無計画・無節操・無思慮に進められる「復興」が、結果として将来の真の復興や再建を妨げることのないように、短中期的にも凍結という重要な作為が求められる。ふるさとを外部の人々にめちゃくちゃにさせないために、何もさせないようにする富岡町による作為が必要である。ショックやパニックという心理状況から、一定の平穏を確保するのである（古川 2015）。こうして、**機を待つ**ことが、初めて可能になる。さもなければ、機は失われる。

再建シナリオは、富岡町が主体的に、地域社会・住民共同体および自治体政府を再建する長期シナリオである（**第3章**）。それは、現状の趨勢とその加速化のもとで、なし崩し的に既成事実化しつつあり、かつ、その既成事実が事後的に、あたかも主体的な長期シナリオがあったかのごとき、つまり、富岡町民が望んだかのように、没入シナリオとして表現されるようになる事態に対して、**もう一つの物語**を提示するものである。本来、これは、町民参加で策定が進められた富岡町復興（第二次）計画で有り得た、または、今後に有り得る、もしくは、有る可き、長期シナリオかもしれない（今井 2014）。

（2）４つの長期シナリオの共通事項

主体的な意味では４つに分岐する長期シナリオではあるが、『意見集』から抽出される住民意見には、４つ全ての長期シナリオに共通する内容も存在する。それは、４つのシナリオに共通する事項である主体性の問題（①）と、困難性・懊悩性（②）の問題である。

①**主体**

自治体として、長期シナリオを策定する必要性は、住民から明確に出されている。もっとも、自治体はそれ自体では有機体ではないので、生身の人間の誰が策定という作業を起動し遂行するかという問題がある。当然、選挙で選ばれる町長・町議会議員がその任に当たることが考えられる。つまり、町長がビジョンを示すべきだという要望である。あるいは、議会の動きが期待

される、という意向である。また、そうした任を果たしていないならば、町長・町議会の人物交替や制度・運用改革も視野に入ってくる。いわば、長期シナリオを策定する前提としての政治改革である。

　しかしながら、より現実的には、町長などが中心に長期シナリオを策定するとしても、町民の意向を踏まえ、町民の皆が関われる仕組づくりが期待されている。その意味で、町民意見から長期シナリオを策定すべきという、本章の方向性は、筆者の主張でもあるが、同時に、町民意向から導出されるものでもある。

　なお、町民意見からは町職員への期待は明確には表明されていない。確かに、法制度的には、町職員は町長の補助機関であり、町職員に期待するということは、結局は、町長の仕事に期待することだからである。しかし、多くの町職員は、同時に町民であり被災者であるとともに、被災町民にじかに接して、被災町民の声を現場で最も広く聞いてきた人である。町長も町議も町民意見を聞いてきたであろうが、総量として、町職員の聞いた町民の声には及ばない。その意味で、町職員への期待が『意見集』に見られないのは、非常に興味深いところである。一つの推論としては、震災以前から、町職員の政策形成への積極的な関与や参画があまりなかったことを反映しているのかもしれない（日本都市センター 2014）。

　そして、広域的被災を特徴とする今次の厄災を前提にすれば、富岡町一町で対応できるのか、つまり、富岡町という自治体は主体性を持ちうるのか、という根本的な問いかけが、町民のなかにはある。勿論、災害対応において国・県に対して支援を要請してそれを活用する受援は、主体性の現れであるし、そのために復興計画が必要である。しかし、国・県は、自身の復興政策を円滑に進めるためには、富岡町が自治体としての主体性をもっては困ると考えるかもしれない。つまり、双葉郡8町村をはじめとする被災自治体間の競争を国は煽るかもしれないし、被災市町村がバラバラでは対応は困難であるとして「広域再編」＝官製合併を求めるかもしれない。こうなると、富岡町は長期シナリオを策定する主体性があるかが問われよう。勿論、上記の通

り、市町村合併に際しての新自治体建設計画それ自体が長期シナリオであるから、「広域再編」も長期シナリオを必要とする。しかし、それは、富岡町単独の主体的な長期シナリオではないからである。

> は：町としてのビジョンの明確化
> Ａ：町長がビジョンを出すべき
> Ｂ：議員の動きが見えない
> ひ：富岡町一町で対応のむずかしさ
> ま：町民の意向を踏まえたまちづくり
> ん：みんなが復興に関われる仕組みづくり

②難しさと悩み

　自治体が長期シナリオを主体的に策定すべきであるというのが住民意思であるが、では、どのような内容で長期シナリオを策定すべきか、というと、住民は難しさと悩みを実感している。

　もっとも基本的な分岐は、いわゆる住民意識調査で繰り返し国・研究者・マスコミなどから問いかけられる、そして、町民自身も自問する、帰還意思問題である。比率には変動はあるが、帰還、移住、判断がつかない、という回答に分かれる。町民意識は一つに集約できないことから、長期シナリオは複数なければならない。

　さらに言えば、判断がつかないということは、調査時点では長期シナリオを作れないということであり、「長期シナリオを当面は作らない／作れないという長期シナリオ」を作る必要性を示していると言えよう。とはいえ、「長期シナリオを作らないという長期シナリオ」は、「長期シナリオがないという長期シナリオ」でもある現状趨勢＝没入シナリオに吸収・同化される可能性も高い。しかし、趨勢が既成事実として「別の町」を造ってしまうと、将来にも長期シナリオは策定できなくなってしまう。

　町民意識は時間的に変化するから、それに対応できる長期シナリオでなけ

ればならない。また、調査時点で判断がつかないということは、自治体の長期シナリオの役割として、まさに町民に判断ができるような材料を示すことが期待されてもいる。町民としてどこに居住するのかが決定することが難しい以上、将来に向けた生活設計を描くことも容易ではないのである。

町民意識調査を前提にすれば、町民個々人の選択は分岐する。したがって、富岡町の長期シナリオは、こうした個々人の多様な選択に対応できるものが期待される。つまり個人選択を尊重する長期シナリオである。しかし、個々人の意思の多様性にもかかわらず、あるいは、多様性のゆえに、長期シナリオでは町民の共同性の回復も求められる。共同性の回復は個々人の選択を抑圧することになってはいけないが、個々人の選択が町民を離散させることになってもいけない、というのが町民の意思である。

を：帰還／移住／判断つかない派の意見の差異による判断の難しさ
イ：状況の変化に伴う住民間の意識の分裂
Z：帰還する／しないの判断材料が欲しい
あ：定められない居住地
け：生活設計の決断の難しさ
や：個々人の選択に対応できる復興計画

（3）短中期共通部分～生活の物語～

4つの長期シナリオのどれになろうと、短中期的な問題がなくなるわけではない。そこで、住民意見からすれば、当面の避難先での生活を重視するシナリオが、全てに共通する短中期部分として存在する。どのような長期シナリオになるにせよ、町民は日々の生活をしていかなければならず、生活の物語が必要なのである。

第3節　住民の声から導出される富岡町長期シナリオ

①避難先生活の充実

　長期シナリオは大事であるとしても、長期とは日々の暮らしの蓄積である。したがって、自治体の複数の長期シナリオは、共通の前提として、常に日常・直近・短期の地域社会や住民生活のビジョンを含むものでなければならない。実際、『意見集』では、当面の避難先での生活についての意見も多く出されている。もっとも、『意見集』の時点（2014年8月）からさらに避難生活が蓄積された現時点では、また要望や意見が異なってくることは、留意する必要がある。

　第1は、長期・広域・離散的な避難生活を支えることである。1つには、避難先住民との交流が非常に重要である。短期の災害ユートピア的支援意識から、時間が経つにつれて、微妙な感情が発生するからである。さらに時がたてば、徐々に馴染んでいくかもしれないし、亀裂からそこには留まれないこともあるかもしれないが、依然として重要である。2つに、避難先では、同じ富岡町民も必ずしも連携があるとは限らないから、横のコミュニティづくりの必要がある。さらに3つには、全国に避難している富岡町民のコミュニティも求められている。これらを踏まえれば、4つには、「一時的な移住の地」を求める声もあった。

　第2に、避難生活で最も困るのは、以前の生業が必ずしもできないことである。そのため、経済的自立を目指す町民に対する支援策が期待される。経済的自立や就業・起業は、除染作業や「廃炉」作業などではない場合、そして、早期であろうと中長期であろうと、帰還が実現するまでの間は、短期的には富岡町エリアで行うことが困難な場合には、「新天地」で行うことも視野に入る。避難先など町外での生業自立を支援することに、違和感を持つことも有り得るかも知れないので、そのような内容は盛り込まないという長期シナリオも有り得るが、富岡町民の意向を町民の多様な選択の立場から反映するという観点からは、長期シナリオに盛り込むことになろう。

　第3に、避難民という住民としての地位の不安定性の問題がある。これは、

いわゆる「二重住民制」として、住民から提起されている発想である。1つには、当面の自治体からの行政サービスに関しては、原発避難者特例法によって最低限の手当がされているが、中期的には同法は改廃される可能性が否定できない。あるいは、婚姻や出生など特殊な条件を除けば、富岡町の住民として新規に加入することがほとんど不可能であるから、住民が徐々に加齢とともに減少して、立ち枯れかねない。この点を踏まえれば、同法の廃止阻止または被災者の利益になる方向での必要な改正措置を、長期シナリオに含んで、国に働きかけなければならない。

　2つには、より精神的なものであるが、住民のアイデンティティまたは帰属意識の問題である。避難者住民であり続ける場合には、避難先では「仮」「一時」という浮動性・仮寓性・過客性が拭えない。これが短期で終わる現象であるならばともかく、出口の見えない避難生活のなかで日々の蓄積になるのは、望ましいとは言えない。二重住民制のような形で、「二重アイデンティティ」が公認されれば、「仮」「一時」という違和感が解消され、また、避難先での住民連帯・一体性にも寄与すると期待されるのである。二重住民制には、国は消極的な態度を持っているが、それゆえに富岡町の長期シナリオに盛り込んで制度改革要望に繋げることは求められていよう。

> G：避難先住民の交流の充実化
> H：自立を促す支援
> L：避難先での横のコミュニティづくり
> U：一時的な移住の地
> V：二重住民制の導入
> ぬ：自立しようとする人・企業の支援強化
> の：コミュニティの復興

②住宅と健康維持

　避難生活で厳しいのは、心身の健康の維持である。かつての人間関係や土地および生活リズムから切り離され、避難先で健康を維持するのは容易ではない。この点も『意見集』の大きな関心事項である。そこで、避難先での健康維持や健康サポートを充実させることである。町民の健康管理である。それは狭い意味での保健サービスだけではなく、住宅が大きな役割を果たすことが期待されている。そして、最も重要なことは、放射能の影響の不安に関する対応である。

　遠方避難者に対しては、富岡町が直接にできないとしても、方策を考えることが求められている。特に、折角立法されながら、充分には運用されていない「子ども・被災者生活支援法」の活用は、長期シナリオで働きかけるべきものかもしれない（日野2014）。

> Q：避難先での心身両面のサポートの充実
> R：町による町民の健康管理
> W：避難先での健康維持
> X：放射能の影響への不安
> い：仮住まいの住居整備の充実
> か：利用しやすい住宅制度

(4) 被害者シナリオ～国・事業者の責任を追及する長期シナリオ～

　以上のような共通事項を受けて、さらに住民の声を細かく分けていくと、4つの長期シナリオが析出される。その第1は、国・事業者の責任を追及する長期シナリオである。「責任追及」というと大仰に聞こえるかもしれないが、国・事業者は慈善団体ではないので、国・事業者に政策・措置を要望する以

上、国・事業者に何らかの「責任」を納得させる必要がある（直野 2011）。

①賠償・補償への責任

　富岡町などの福島第一原子力発電所苛酷事故に伴う被災自治体は、単なる自然災害とは町民からは理解されていない。発電所が存在しなければ、苛酷事故に伴う厄災も発生しなかったことは、間違いのない事実だからである。原子力発電所を設置・稼働した事業者の責任であるとともに、原子力発電を国策として推進し、発電所の設置・稼働に許可を与えてきた国の、事故に対する責任ということである。

　そこで、原子力発電所事故の明確化を求めるのが町民意思にある。勿論、過去の責任を究明しても、それだけでは将来の長期シナリオにはならないかもしれない。過去を究明しても、過去はなくせないからである。しかし、利害関係者・加害者であるかもしれない国・事業者や専門家集団によって検証作業が独占されていることに対して、責任究明を町民目線に取り戻すことは、自治体の役割ともいえよう。

　町民が声を上げていかなければ、国・事業者は真摯に事故に向き合って考えることはしないかもしれない。国に深く考えさせるのは、町民にしかできないことである。同様に、広く国民に「放射能」や「原子力」について考えさせるのも、町民にしかできないことである。原子力発電所問題を、被害地・所在地のみに押し付けて、多くの国民が無関心であることが、あるいは、一時的関心をすぐに風化させることが、問題なのである。

　そして、責任究明作業は、将来に向けての活動であるから、長期シナリオに含まれるのも自然である。そして何より、責任を明確にすることは、国・事業者への政策・措置の要望に説得性と正当性を付与するものであり、富岡町の復興に深くかかわるからである。

　責任究明と同時に、被害に対する支援策を町民の求めるものに是正させることも、長期シナリオの役割である。国・事業者の考える支援策が、必ずしも町民ニーズに合致していない場合、長期ビジョンをもとに、富岡町は国・

事業者に要望・折衝する必要がある。

> C：原発事故の責任を明確化すべき
> D：国の支援策が住民の求めるものになっていない
> N：国民が放射能について学ぶ
> P：避難実態に合わせた法整備
> お：賠償問題の早期確定
> も：私たち一人一人の強い意志（により国に深く考えさせる）

②地域振興などへの責任

　国には、事故・公害や厄災を引き起こした直接の加害責任・監督責任などがなくとも、一般的に地域振興を果たし、住民生活の安全・保健・環境衛生などを確保する政策責任・行政責任がある。町民は、こうした当たり前の国の責任を意識する。勿論、これらは国の政策責任であるから、国の復興支援の長期計画に盛り込まれるべき事柄であるが、国の政策に町民の意思が反映されるとは限らない。そこで、富岡町が長期シナリオを策定し、それに基づいて、国に政策要望をすることが求められるのである。

　1つには原子力を含めた防災体制を再構築することである。特に、現在も事故プラントが存置されており、どのような状態になっているかわからない放射性物質（デブリ状と言われる）があり、通常の廃炉ではないいわゆる「廃炉」作業の完了は見通しがつかない。そのような未曾有の状態での防災体制は、町民が町の将来を考えるには、極めて重要なテーマである。どのように二次災害を防ぐのかが問われている。

　そのうえで2つには、富岡町という空間の地域振興（「現地再建」「地元再建」）を図るには、帰還できるような状態を作ることを国の責任で遂行することである。現在のところ考えられているのは「除染」と称する作業である。但し、「除染」といっても、どこまで効果があるのかはわからない。そうなると、

一定のエリアが一定の放射線量以下になれば帰還可能というように帰還基準を「甘く」設定すれば、「除染」を完了したことになる。したがって、帰還基準に対して、富岡町自体が独自の基準を構築できない限り、国の言いなりになってしまう。富岡町に求められているのは、帰還の前提条件を主体的に定め、それを国に守らせることとなる。

 そして、そのための財源確保が肝心となる。これらが、長期シナリオの役割になる。国に対して何を求めるのか、明確に要望リストをまとめ、国の政策責任を問う必要がある。但し、住民意思は多様に分かれ、現時点では判断がつかない声も多いという状況は、事業メニューを個別に要望するまで、地域社会のニーズが熟成されていないことを意味する。したがって、要望するための事業メニューを焦って復興計画に盛り込むのではなく、基金としての財源確保が、町民希望と思われる

> C：今後の国の防災体制の責任を明確化すべき
> E：国の帰還基準への異議
> え：帰還の前提条件とそれを（国に）守らせること
> く：除染による住みやすいまちづくり
> な：財源確保が課題

(5) 反省シナリオ～過去と決別するシナリオ～

 富岡町が全町民長期避難という厄災に見舞われたのは、原子力発電所の事故があったからである。事業者や国として、事故に対する真摯な反省がなければ、同じような事故とは繰り返されるだろう。その意味で、事業者や国に反省を迫ることは、上記の追及シナリオに含まれる内容である。それと同時に、自治体としての富岡町は、過去の町政運営に問題がなかったのかどうか、真摯な反省をしなければ、また同じような過ちを繰り返すことになるだろう（加藤2009）。

第3節　住民の声から導出される富岡町長期シナリオ

　勿論、被災前の故郷への郷愁をもとに、過去を復旧することで、敢えて、同じような過ちを繰り返し得ることを甘受する、という主体的選択は有り得よう。例えば、巨大な防潮堤を作ることなく、高台移転や大きなかさ上げをすることもなく、津波被害があった地区に、敢えて、海とのつながりを維持するために、同様に街を再建するという選択もあり得よう。但し、そうであっても、仮に津波が来襲したときのこれまでの対策への真摯な反省が付いていることは普通である。しかし、現状趨勢＝**没入シナリオ**は、こうした反省のないまま、なし崩し的に、国・県・事業者の進める「除染」や「廃炉」作業、さらには、何らかの施設・産業の誘致に期待する可能性も孕んでおり、同種の過ちを繰り返しかねない。あえて言えば、**没入シナリオ**にこそ、**反省シナリオ**が追加注入されなければならないのである（永井學他2015）。

　しかし、「原子力村」の一つであった、かつての富岡町の町政運営の問題点を反省し、過去と決別する作業は、非常につらいことである（開沼2011）。過去と同じことを復旧するだけでは、同じような失敗を繰り返す。しかし、失われた過去の町を取り戻すことが、あるいは、失われつつある町を失わせないことが町民の希望である以上、簡単に過去を否定的に反省することはできない。少なくとも、時期尚早であると言わなければならない。反省が単なる自虐になるのであれば、富岡町の長期シナリオにはなり得ない。そこには、将来の富岡町に向けた、そして、日本・世界全体に向けて積極的に提示できるような高い価値のある反省＝教訓に向けた、プラスの方向での反省にならなければならない（除本2016b、浜井1967、秋葉2012）。

　そのためには、例えば、これまでの防災体制の問題を反省し、今後の防災に生かすことが提言されている（C）。また、富岡と原発事故の歴史の伝承（F）を、富岡町の若い世代や国民全体に提示していくことが、積極的な価値を持ちうる。そうして初めて、自信と誇りを回復することができる（め）。被災前の過去を郷愁するばかりでは、自信と誇りは回復できない。なぜならば、そうした過去は、所詮は「被災への前史」でしかないからである。つまり、郷愁は、再び被災をしたいという願望を意図せずして内包してしまうからで

ある。しかし、単に過去を非難したり無視・黙殺したりするだけでは、自信は崩壊し、誇りは喪失する。こうした被災の反省が、いわば、富岡町の将来の自信と誇りになるように、長期シナリオを構築する必要があるのである。

> C：今後の国の防災体制の責任を明確化すべき
> F：富岡と原発事故の歴史の伝承
> め：町民が自信と誇りが持てるまちづくり

(6) 凍結シナリオ〜町の「らしさ（アイデンティティ）」を守るシナリオ〜

①「輪」（＝人間共同体）の保全＝ソフト

　自治体という共同体あるいは地域社会は、地縁による集団である。それゆえに、土地から切り離され、長期広域分散避難が生じていることは、富岡町の人間共同体にとっては、大きな試練である。町民間が遠くに離れれば、町民間での情報共有が困難になり、町民としての一体性・結束性は日々に薄れていくことがある。それゆえにこそ、「ふるさと富岡町」との「心のつながり」を維持するため、地域社会の結節点である町役場からの情報発信の強化が求められていると言えよう。とはいえ、富岡町行政側は、住民情報ニーズを捕まえられず、住民側も情報の理解・選択が充分にできない実情である。そこで、町側からの一方的な情報発信ではなく、双方の「生涯学習」が必要になっているといえる。

　人間共同体は、現時点での地縁の共有だけではなく、歴史・過去・文化・体験・記憶の共有という側面がある。富岡町など双葉郡8町村など被災市町村は、日本の市町村のなかでもっとも住民間で「つらい体験」が共通している自治体であるともいえる。地震・津波・原発爆発・緊急長期広域避難生活・差別などの体験の共有である。そこで、1つには、こうした体験と記憶を風

化させないことが求められる。但し、2つには、被災と差別の共有は、富岡町民の悩みでもある。富岡町は、被害の「つらい体験」の共有を図るとともに、「差別禁止」を全国民に訴えることが求められている。それと同時に、3つには、この「つらい体験」を、実際に被災・避難した富岡町民だけではなく、国民全体に伝承することも、あるいは、富岡町の若い世代・次世代にも伝承することが、求められている。

　しかし、町民の過去の共有とは、むしろ、被災後の「つらい体験」というよりは、事故以前の富岡町民の暮らしでもある。そのような富岡の地域社会の歴史の伝承は、町民が自信と誇りが持てるまちづくりには不可欠である。勿論、「昔はよかった」というだけの郷愁では、未来を切り開くことはできないかもしれないので、他の対処と結合されるであろうが、「ふるさと」を確認することは重要である。そこで問題となるのが、世代間の意識の共有である。特に、若い世代になれば、3．11以前の生活よりも、3．11以後の生活の方が徐々に長い比重を持つようになる。中年世代でも、多かれ少なかれ同様である。そして、3．11以後の生活の経験自体が、自信の歴史と誇りを培う基盤となる以上、3．11以前の歴史の伝承だけでは収まらないものがある。

```
F：富岡と原発事故の歴史の伝承
I：富岡町の正確な姿の情報発信
K：差別に悩む
つ：世代間の意識の共有の場づくり
と：ふるさと富岡の心のつながりの維持
へ：住民間の町としての結束力の低下
み：町からの情報発信の強化
め：町民が自信と誇りが持てるまちづくり
ゆ：町民の情報共有のむずかしさ
```

②「土」(＝地域)の保全＝ハード

　富岡町民という人間共同体の維持と併せて、『意見集』では、富岡町エリアという地域空間の保全が大きな関心事項である。「廃炉」作業を含めて、実際の地域はどのようになっているのかを、町民目線で確認することは、まず、地域空間の保全のための大前提である。しかし、現実には、町民が一時帰宅すること自体が制限されてきた。したがって、残してきた土地・建物・田畑の維持管理もできず、金銭的負担などが発生している。気軽に一時帰宅できるようにしたいという思いが当初からあるが、それは、帰宅することが可能な放射線量の判断という問題でもある。

　逆に、「廃炉」作業員など、町民でない人々が大挙して地域空間に存在する。住民のための富岡町復興拠点ではなく、現状では国・事業者・部外作業員の拠点のみだということである。こうして、部外者に踏み荒らされる故郷でいいのか、という思いがあるようである。

　このような『意見集』の町民意思からすると、長期シナリオでは、早期帰還(「帰る」)、移住(「移る」)、超長期待機(「待つ」)でもない「第4の道」＝遠隔操縦(「通う」)という町民ニーズに答えることが求められているようである。

　「通う」という「第4の道」＝長期シナリオは、例えば、
・すぐには帰還・居住せず、新天地に転居して富岡町との関係を切ることもなく、長期間を待つこともない(つまり、風化・老化もさせない)
・遠隔地から日常的に「一時帰宅」「巡視」(＝地域保全業務のための巡回・管理)
・全国から来ている作業員とは別に、「富岡町の地域空間は我々町民の地域だ」というプレゼンスを町民が持つ
・当面の「生活の本拠」(＝住所)は、避難先その他に広域分散しても構わない
・富岡町という地域空間を遠隔操縦する司令塔・本部は町役場

第3節　住民の声から導出される富岡町長期シナリオ

・ハード空間の現状凍結的保全が主たる復興目標

等という長期シナリオになろう。

　特に、「復興」と称してハードの建設開発を焦って進めると、復すべき「かつて（旧・元）の町」とは全く「別の町」がハード的に出現する。そのような「別の町」が建設されると、避難町民が将来に富岡町に「帰る」としても、「別の町」に阻害される危険がある。あえて言えば、「別の町」には帰還することは不可能である。なぜなら、それは「帰還」ではなく、「別の町」という新しい町への「移住」でしかないからである。いわば、早期帰還という「第1の道」は、これまでの富岡町とは異なる「別の町」への「移住」でしかなく、実は、移住という「第2の道」と早期帰還という「第1の道」は、同じことになりかねないのである。そうした事態を防止する町民意思を反映することが、いわば、将来的な「復旧」を可能にするのが、この凍結シナリオの目指すところであろう。

```
M：町への安易な立入の規制
O：風評被害に悩む＝Kと同じ
S：廃炉作業に伴う事故への不安
Y：被災者自らが第一原発を確認＝Sと同じ
う：一時帰宅判断できる放射線数値の公表
き：残してきた自宅の財産管理の負担
さ：家・田畑の維持管理
ふ：住民のための富岡町復興拠点
む：富岡町へ気軽に行ける対策
よ：ボランティアと行政の連携
```

（7）再建シナリオ〜町の未来を作る長期シナリオ〜

①物的条件ビジョン

　富岡町の将来をどのように建設するのかは、物的側面と人的側面がある。物的側面で最も重要なのは、第1に、事故プラントの安定化と処置であることは言うまでもない。それゆえに、町民意見ではほとんど登場しない。

　むしろ、第2に、重要な課題となっているのは、中間貯蔵施設や管理型処分場などの設置・立地の可否である。処分場や中間貯蔵施設は、将来の開発に大きな足枷になり得ることは当然である。町民が口にも出したくない悪魔のシナリオは、全ての放射性廃棄物を、イチエフ周辺の双葉郡に集中させる「ゴミ捨て場」シナリオである（原田・金井 2010）。こうなってしまえば、富岡町民の思いは実現しないし、町の未来はない。

　しかし、そこまで極端ではないにせよ、中間貯蔵施設・処分場の設置は、その何分の一かの「ゴミ捨て場」シナリオである。この「ゴミ捨て場」シナリオは、実は没入シナリオに含まれている。他方で、「こうした迷惑施設はどこかに必要である、そして、それは東京圏や県内都市部は望ましくない」、などという、これまでも繰り返されてきた論理は強力である（高橋 2012）。特に、原子力発電所という迷惑施設の立地を受容した「前例」に従えば、富岡町民はこうした働きかけに弱いのかもしれない。さらに、迷惑施設を引き受ける代償によって財源確保ができるとなれば、苦渋の選択が迫られることもあろう。いずれにせよ、町民意見で出されているように、この問題は富岡町の将来を大きく左右するものであり、長期シナリオの分岐点の一つである。

　第3は、「除染」の在り方である。（全）面的除染を求める声は強いが、現状では点的除染に留まる恐れが強いのである。富岡町として、どのような長期シナリオに立ち、国・事業者に要求するかは重要なことである。金銭負担を理由に除染範囲を制限するのは、公害事故の加害者・汚染者責任という観

点からは有り得ない筈である。

　第4は、「コンパクトなまちづくり」と「広く・ゆとりのあるまち」という、町の空間的集散性に関わるビジョンの違いである。これは、後述する人口減少問題ともかかわり、あるいは、第3で触れた除染範囲の広狭ともかかわる。端的に言えば、帰還するとしても人口減少が見込まれ、全面的除染が困難とすれば、少ない人口を小さな拠点に集住させることが現実的だというのが、前者のビジョンであろう。富岡町の空間的集散性は、原発前から原発時代をへて事故後と、変転するものであるという発想である。これに対して、後者は、「コンパクトな町」とは「別の町」であって、それは富岡町のアイデンティティを失うことと考える。旧来のまちと異なる「別の町」は、「復旧」という観点からは作る意味がないのである。むしろ、「櫛の歯が欠けた」散居を成り立たせる連絡手段が大事だとなる。この2つのビジョンの対立はかなり明確であり、長期シナリオを策定する際の、大きな分岐点となりうる。

　第5は、自然エネルギー問題、もっと露骨に言えば、メガソーラー設置問題である。これも、町の空間利用を大きく規定するものであろう。

T：管理型処分場の設置の可否
こ：面的除染による新しい住民参加型のまちづくり
せ：コンパクトなまちづくり vs 広い・ゆとりあるまち（運輸通信でカバー）
ち：自然エネルギーの推進

---

②住民（人口）ビジョン〜高齢者・生産年齢人口・若者・孫世代〜

　「地方消滅」の議論が2014年に登場する以前から、被災地では大幅な人口減少への不安が発生した（増田2014）。少なくとも、富岡町エリアから全町民が避難したという意味では、一面的に捉えれば、富岡町エリアで生活の本拠を持つ人間はゼロになったのであり、「自治体消滅」だったと言える。

勿論、長期避難しているだけだという理解で、富岡町民の住民登録は擬制的に維持された。しかし、転出することは可能である一方、転入することは論理的にはあり得ない。富岡町民と結婚したとか、町民から生まれた、という親族関係のみで支えられているのが実態である。これは、血縁を紐帯とする共同体であり、既に地縁を紐帯とする地域社会・人間共同体ではなくなりつつあることである。その意味で、「地方創生」などという政権の政策以前に、人口ビジョンは富岡町の長期シナリオにとっては必須の事項である。

　第1は、高齢世代である。高齢者は比較的に帰還希望が多いというので、高齢者を中心に帰還に向けたインフラ・施設整備を求める声がある。また、高齢者は帰還を待てる時間が、中年・若年世代より一般的には短いと想定される。加えて、相対的に被曝リスクも小さいと言われる。さらに、新しい環境への適用という意味でも、高齢者の方が困難であるとも考えられる。これらを勘案すれば、高齢者にターゲットを絞った帰還ということが１つのシナリオではある。もっとも、高齢者だけでは、町民社会の中長期的な持続可能性は成立しない。また、高齢者だけの支え合いで高齢者の生活が成り立つはずはなく、結局は、中年世代が必要となる。例えば、「生涯活躍のまち（日本版ＣＣＲＣ）」や高齢者施設を設置して高齢者が入居したとしても、そのケア労働には中年世代も必要になる。上述の「通い」というシナリオと結合するのであれば、生産年齢世代の雇用は通勤で賄うシナリオになるのかもしれない。

　第2は生産年齢世代である。当然ながら仕事・雇用に関する住民意向が中心となり、産業再生に向けた基盤整備、町の主力産業の育成、新たな産業づくり、などが期待されている。しかし、全町避難になって根こそぎ産業連関が消滅した地域経済循環において、実質的に存在するのは、国・事業者の発注のみである。すると、官公需依存になることは目に見えている。このようななかで、自治体が主体的に地域経済の長期シナリオを描くことは大変に困難である。むしろ、国・事業者の「天領」または「企業城下町」になることが予想される。せめて、富岡町としては、国・事業者の発注自体を、町営一

括公社のように、受注側として管理しないとならないだろう。それとても、国・事業者との大きなせめぎ合いになることが予想される。

　第3は、子世代・子育て世代である。子育て世代は、通常は生産年齢世代でもあるが、仕事に比重を置くか、子どもの生活に比重を置くかで、根本的に異なってくる。例えば、世帯別離になるのは、生産年齢世代である両親のうち、父親が仕事で福島県内に留まり、母親が子育て世代として子どもの未来を考えて、県外避難するような場合である（吉田 2016）。ともあれ、子どもに視点を当てれば、子どもを含め若い人たちが住めるまちづくりが、住民の希望である。地域社会の地蔵可能性からも、若い世代がなければ富岡町は存続しない。

　とはいえ、相対的に被曝に敏感といわれる子ども・若い世代が、全面除染もできず、空間線量の低下も充分にはできないなかで、早期帰還するようなシナリオを描くことは容易ではない。若い世代は相対的には待つ時間はあると言えるから、年間 1 mSv に自然減衰するまで待つことはできなくはない。将来帰還するためには、「別の町」になっていては困るかもしれない。そのためには開発抑制が必要になろう。中期的には「自然サンクチュアリ」になる。とはいえ、若い世代には「もとの町」の記憶も少ないとすれば、「別の町」への帰還＝「移住」でもよいと言える。もっとも、そうなると、なぜ富岡町に「移住」するのか、という理由も乏しいだろう。若い世代への長期シナリオの描き方は多岐に分れるとともに、非常に難しいのである。

　第4は、孫以降のさらなる将来世代である。これは、現在の若い世代がどうなるかによって左右されよう。

　第5は、富岡町民以外である。通常、「地方消滅」対策で考えられるシナリオは、移住促進であり、富岡町の将来に関しても同様な意見が表明されている。ただし、通常の移住促進の場合には、「自然豊か」などが魅力になるのであるが、放射能汚染を受けた富岡町では簡単なことではない。

　むしろ、このシナリオは、「廃炉」作業に従事する作業員の「生活の本拠」としての新富岡町ということになろう。一種の「企業城下町」である。富岡

町民という型式的な肩書は持続するかもしれないが、被災前からの町民はほとんどいないで、内実は全く別の人々によって構成されるかもしれない。すると、**没入シナリオ**の帰結とほぼ同じになり、そのような長期シナリオを、現町民が策定する意味は何なのかが諒解される必要がある。

　とはいえ、もともと、現富岡町民も、原子力発電所があるがゆえに全国から移住してきた人々を含む共同体であったとすれば、こうした移住人口の流入による漸次入替は、富岡町らしいと言えるかもしれない。しかし、通常の移住促進は、あくまで、もともとの住民社会が主導性を持って行うものであるから、富岡町でもその立場からは、作業員による「町の乗っ取り」を心配することもあろう。そうすると、移住者として受け入れられるのは、高齢者に限られよう。

```
わ：大幅な人口減少への不安
高齢者　そ：（高齢者を中心に）帰還したくなるような早急なインフラ・施設整備
生産年齢人口　て：産業再生に向けた基盤整備
　　　　　　　に：町の主力産業の育成が課題
　　　　　　　ね：新たな産業づくり
子世代・子育て世代　す：（子供も含む）若い人たちが住めるまちづくり
将来（孫）世代　ほ：30～50年先に孫につなぐビジョンづくり
　　→同上
ア：富岡町以外の方の移住の促進
```

おわりに

　本章の分析は、2014 年 8 月段階の住民意思である『意見集』から析出された、富岡町の長期シナリオの可能性である。現実には、富岡町は、2015 年 6 月に復興計画（第 2 次）を策定しているので、本章で述べた長期シナリオは、＜かつて有り得た＞シナリオ案に過ぎず、既に富岡町の長期シナリオは、**没入シナリオ**として既成事実となっている。

　しかも、既に『意見集』から 2 年経過しており、住民意見はさらに変化していよう。また、避難区域解除、支援（打ち切り）や除染などの国策も日々に変化している。他方で、「イチエフの凍土壁」と称する汚染水止水や水冠方式のデブリ取り出しなどの「廃炉」作業は遅々として進んでいないが、事故の記憶の風化だけは進行している。様々な事態の変化に応じて、長期シナリオは常に更新されるべきものであり、自治体再建に向けて、今後ともこうした作業は継続されるべきと考えられる（今井 2014）。

第2章

3つの長期シナリオ

第1節　被害者シナリオ〜追及の物語〜

　　　　　　　　　　　　　　　　　　　　　　　　　　高木　竜輔

1　「被害者シナリオ」の背景

1-1　震災5年目を迎えての被害の追求

　福島第一原子力発電所の事故が発生し、原発周辺住民を中心に多くの人々が避難を余儀なくされた。5年以上にわたる避難生活はこれからも続くことが予想される。

　事故後、原発避難者に対しては一定の賠償制度が整備された。原子力損害賠償紛争審査会はこれまで賠償に関する中間指針とそれに対する追補などを決定しており、その枠組みを決めてきた[7]。精神的損害に加え、財物賠償、営業損害など各種賠償の基準が設定され、原発被災者の救済に充てられてきた。

　とはいえ、原発事故による被害のすべてが償われている訳ではない。例えば、山本ほか（2015）は、富岡町の町民を対象としたタウンミーティングにおいて拾われた原発被災者の声から、さまざまな種類の被害を見いだしている。それは、被災者の将来の夢、人間関係、分断に伴う信頼関係など多岐にわたる。これらは人々が長年かけて作り出してきた地域社会が存在してこそ

---

[7]　もちろん、原発事故に対する損害賠償の決め方においても大きな問題があることが指摘されている（除本2013）。

成立するものである。これらコモンズとしての地域社会の崩壊によって被災者はあらためて自らの失ったものの大切さを感じるところとなっているが、しかしそのことに対する賠償は本稿執筆時点において認められてはいない。

他方、2014年度以降は避難指示区域の解除が進められている段階である。2014年4月に田村市都路地区において避難指示が解除され、その後も川内村、楢葉町、葛尾村の一部、などにおいて避難指示が解除されてきた。2017年3月末には帰還困難区域以外の避難指示解除が予定されている。

しかし避難指示が解除されたからといって、それで原発事故に対する東京電力・政府の責任が無くなるわけではない。避難指示解除によってすぐに原発被災者は元の地域に戻って生活再建できるわけではないし、長期避難で失ったものを取り戻せるわけではない。とはいえ、現状において認められているのは、（帰還困難区域を除き）避難指示解除された地域においては2018年3月末までの精神的賠償しか認められていない。

このように見ていくと、避難指示解除後の局面においてこそ、ますます原発被災者の被害の回復とそれに対する責任追及の必要性が高まってくると思われる。そのため被災自治体は、以下において見るように、「被害者シナリオ」において以下における各種施策をおこない、町民の被害解決を目指すべきである。

2 「被害者シナリオ」で目指すべきこと

最初に、原発事故によって被災者が受けた被害について確認しておこう。上記でも述べたように、原発被災者が失ったものは仕事や家だけではない。それ以外にもさまざまなものを失っている。それらが十分に償われているかどうか別途検討が必要であるが、ここではこれ以上は追求しない。

ここでは、原発被災地の復興計画において、被害者としての住民が何を訴え、そのために何をすべきか、という点から考えてみたい。

第 1 節　被害者シナリオ〜追及の物語〜

2-1　復興計画を補完するものとしての被害追求

　ここで提起する「被害者シナリオ」について、原発被災地の復興計画との関係においてもう少しその必要性について述べておきたい。
　自治体が被災後に復興計画を立案するのは、政府などからの補助金を獲得するための根拠となるためであり（山下・金井 2015）、政府の補助メニューにあるものが掲載されるパターンが多い。とはいえ、それらが被災自治体の復興施策として展開されれば、必ず被災地が復興するわけではない。金井利之が「ヤレヤレ詐欺」という言葉によって述べているように、住民によるニーズがないにもかかわらず焦らされて場当たり的な計画を作ってしまうこともあるだろう（山下・金井 2015: 46）。
　他方で、地域社会とはそれを構成する諸要素が長い歴史のなかで最適な形で組み合わさったものであり、復旧作業により道路や学校などインフラだけが回復しても意味がない。人々は地域社会で生活する際にさまざまなサービスを受けながら生活しており、それらが存在しなければ生活できない。しかし現代日本において、地域社会においてサービスを提供する諸機関は市場または政府によって供給されており、前者においては利用する人が一定程度存在しなければサービスを供給しようとはしないだろう。

2-2　社会的共通資本としての地域社会とその回復

　要するに、人々が地域社会で生活する際に求められているのは社会的共通資本としての地域社会ということであり、これこそ、原発被災地が復興計画を立てて追求すべきことである。以下、このことについて少し考えてみたい。

(1) 舩橋晴俊「五層の生活環境」と宇沢弘文「社会的共通資本」
　環境社会学者の舩橋晴俊は今回の原発震災の被害の特徴を「五層の生活環

境」の崩壊として説明している（舩橋 2014）。人間は生きていくためにさまざまな欲求を充足させる必要があり、そのための生活システムとして5つの層からなる環境――自然環境（森林、河川）、インフラ環境（道路、上下水道）、経済環境（企業、商店）、社会環境（病院，介護施設，近隣集団）、文化環境（学校、文化施設）――に囲まれているという。自然環境を基盤としてこれら5つの層が積み重なる形で生活環境が形成されている。舩橋は今回の原発事故によってこのすべてが崩壊し、そのため5層の生活環境全体を回復するという原則が重要であることを指摘している。

　ここで5層の生活環境全体を分かりやすく言い換えると、地域社会ということになるだろう。人間は自然環境のなかでインフラ環境を整備し、そのうえで経済的な活動をおこなう。雇用の場を通じて日々の生活の糧を手に入れつつ、地域的共同性に基づいてコミュニティを形成する。他方、人びとが地域社会のなかで生活するための条件は、人によって異なる。就学児ならば学校が必要だし、高齢者の場合には病院や介護施設が必要になってくるだろう。同じサービスを利用する人が一定程度存在することで商店や病院などが地域社会に進出し、そのことで新しく人びとが流入することになる。

　以上見てきたように、地域社会を構成する諸要素は時間をかけてゆっくりと組み合わさってきたものであり、政府や被災自治体がインフラの復旧を整えたからといってすぐに被災者が避難元で生活できるわけではない。筆者は「パズルとしての地域社会」という考え方を提起したことがあるが、まさに地域社会は長い時間をかけて諸要素が組み合わさるという点、そしてそれは破壊されるときには一瞬であることをパズルに例えて説明した（高木 2015）。全域が避難を余儀なくされた地域社会の再生には長期の時間がかかることを確認しておきたい。

　このような地域社会の再生に関しては、宇沢弘文の社会的共通資本に関する議論が大変参考になる。宇沢は社会的共通資本について、「一つの国ないし特定の地域に住むすべての人々が、ゆたかな経済生活を営み、すぐれた文化を展開し、人間的に魅力有る社会を持続的、安定的に維持することを可能

にするような社会的装置を意味する」（宇沢2000）と述べている。分かりやすく言えば、地域社会とはわれわれが社会のなかで生活するためのコモンズということになる。

　ここで重要なのは、これまで原発被災者の生活が失われたことに対する東京電力による賠償や政府によるインフラの整備が議論されてきたが、それらを支える社会的共通資本としての地域社会が失われたことに対して注意が払われてこなかったこと、そしてそれは簡単には回復できないということである。

(2) 除本理史「ふるさとの喪失」

　では、社会的共通資本としての地域社会は回復できるのか。これについてはのちほど述べることとして、ここでは環境経済学者の除本理史の議論を取り上げたい（除本2015、2016a）。

　除本は「ふるさとの喪失」への賠償可能性について議論しており、それを議論する必要性として「避難元の地域社会が受けた被害を媒介に、個別の避難者へと被害が及ぶという連関が重大だと考えるからである」と述べている。例えば地域社会のなかで培ってきた自治会活動、生業を支える灌漑用水などのコモンズやそれを支える制度、人間関係（ソーシャルキャピタルと言い換えてもよい）、景観などの歴史的・文化的価値などを紹介している。これらは、上記で述べた宇沢の社会的共通資本とほぼ同じことであり、その喪失が帰還を諦めたり、また戻ったとしても従来通りの生活をおこなうことを困難にしているのである。

　このような「ふるさとの喪失」を回復するための措置についても除本は議論している。除本は、その一部については金銭での回復が可能であり（景観利益やコミュニティの諸機能）、一部については金銭賠償が困難であると述べている（除本2015）。このような「ふるさとの喪失」に関する議論をふまえると原発被災地が対東京電力、対政府との関係においてその費用を獲得したり、また訴訟によって賠償金を勝ち取ることによってそれらの回復費用に充てることができると考えられる。

2-3 社会的共通資本としての地域社会の追求主体

ここで紹介した除本の議論においては、その主体について議論されていない。ここではいくつかの主体を想定することができるだろう。

第一の主体は行政組織である。富岡町の第二次復興計画策定委員会でも住民主体によるワークショップが試みられたが、そこでの議論を整理し、住民が震災前に富岡町において無自覚的に享受してきた社会的共通資本としての地域社会を言語化し、それを行政機構が復興計画の立案、実施という形でその回復を試みるのである。ただし、政府の政策メニューに掲載されていないものについては予算化しにくく、実現されやすいのはどうしても道路や施設などに偏りがちである。そのため、すべてが回復されるわけではない。現状の復興施策を前提とした場合、どうしても救済されない要素が出てくる。

第二に、住民団体による被害回復運動である。現状においては東京電力、政府を相手とした訴訟ということになるだろう。その獲得物によって失われた社会的共通資本としての地域社会を取り戻す活動をおこなうことになる。その際に必要なのは、それを言語化するために全国に拡散した避難者が集い、議論する費用も合わせて請求することであろう。もちろん、現状において広域に避難している住民が運動の組織化をおこなうこと自体がとてつもなく難しい。

また、ここで重要なのは、単に被害を追求することだけではない。住民が自らの被害を他の住民とともに共有していくプロセスこそ重要である。かけがえのない「ふるさと」とはなんだったのか、避難元地域で生活していたことによってどのような恩恵を受けていたのか、きちんと自覚し、共有することが、原発被災地としての求心力を回復する手段になるのである。

そのために行政がおこなうべきことは、このような全国に避難している住民が組織化するための費用を行政が支援することであろう。弁護士費用はもちろん、社会的共通資本としての地域社会を言語化するための専門家の支援

など多岐にわたる。

　また、場合によっては自治体みずからが東電や国に対して訴訟をおこなう必要が出てくるかもしれない。行政組織による訴訟の展開である。そこにおいては、自治体が原発事故によって失ったものを回復することがまずあるだろう。そこには既存施設の劣化に対する賠償だけでなく、事故がなければ長期にわたって確保することのできた各種財源（住民税だけでなく、各種交付税なども）も請求することができるだろう。

　ここでは東京電力に対する訴訟だけではなく、国策としての原発立地を推し進めた政府に対しても積極的にその可能性を模索していくべきであろう。政府のエネルギー政策のなかで原子力発電所が建設され、その発電所が事故を起こしたことに対する責任を追及していくべきである。

2-4　原発被害を受けた地域によるオルタナティブな取り組み

　原発事故による被害を被った原発被災地は、社会的共通資本としての地域社会を回復するだけにとどまらず、その先に、受苦を乗り越え、世界に対するオルタナティブな価値観を提供するまちづくりを目指すべきであろう。実際、公害による被害を被った地域においては、その経験から環境再生のまちづくりに取り組んでいる。たとえば西淀川公害裁判においては、訴訟後において住民は「あおぞら財団」を設立し、環境再生のまちづくりをおこなっている（除本・林 2013、除本 2016b）。川崎市においても同様に公害訴訟の和解に際して道路管理者に対して環境再生のための責務を課し、その費用負担を義務づけている。その延長線上において、持続可能な都市づくりの具体的な取り組みをおこなっている（永井進 2004）。

　では、原発事故による被害を受けた地域がとりうる「オルタナティブ」とは何か。福島第一原発が第二原発とともに国策として建設され、東京に電力を送り続けてきたという歴史的背景を鑑みるならば、安直ではあるが、自らの地域が必要とする電力を自らの自治体で発電する、さらには再生可能エネ

ルギーとして生み出すことがあるという「オルタナティブ」であろう。実際に震災後の富岡町においても太陽光発電などの取り組みが実際にスタートしているし、ここにオルタナティブを読み解くことも可能だろう。とはいえ、そこに被災者の受苦の痕跡があるか、被害実態に即した想いが込められているかと言われれば、非常に難しい。太陽光発電は政策的メニューとして取り組みやすく、その取り組みを自らのこととして受け取っている被災者はほとんどいないかもしれない。

いずれにせよ、被害を受けた住民の想いを託し、その存在によって原発事故の被害をいつまでも忘れないことを高らかに宣言するような取り組みが求められている。

2-5 「被害者シナリオ」による自治体の運営

それでは、この「被害者シナリオ」において自治体の運営はどのようにおこなうのか。基本となるのは、訴訟で勝ち取った賠償金で自治体を運営していくことになる。もちろん、それ以外の収入手段もあり得る。それは、政府の復興施策によって変わってくる。

可能性としてみたときに、原発被災自治体は（a）住民が受けた被害を訴えるために、（b）自治体固有の被害を訴えるために、訴訟に関わっていくことになる。

自治体による訴訟によって勝ち取った賠償金は、一部は町民に還付されるが、他方で自治体運営にも充てられる。全国の公害裁判でもおこなわれているように、賠償金の一部を問題解決に充て、それを追悼施設やアーカイブの建設（後述）に充てるやり方もあるだろう。また、賠償金を基金化し、住民代表による審議会にて賠償金の使い方を決め、住民の多様な被害に対応することも検討すべきである。

3 被災自治体の行政機構がおこなうべきこと

これまで述べてきた「被害者シナリオ」において、行政機構は何をすべきか。この点について考えてみたい。

3-1 住民の被害の追求

まず行政機構には、原発事故による被害とその責任の所在を明らかにすることが求められる。今回の福島第一原発事故によって住民や企業、自治体にはどのような被害が生じたのか。未だ被害の全貌が明らかになっていない被害の総体をきちんと明らかにすることが必要である。そしてそれは誰に責任があるのか。東電なのか、政府なのか。政府がきちんと被害の解明・解明をおこなわないならば、被災した行政機構が独自に実施する必要がある。

その点を明らかにするのは、(a) 住民に対して、(b) 全国の人々に対して、(c) 全国の自治体に対して、意味のある作業となる。(a) 住民に対しては、自らがなぜ避難しなければならなかったのか、どのような被害を被ったのか、を理解してもらうためである。未だになぜ避難しなければならなかったのか、自分の気持ちが整理できていない住民がいると思われる。きちんと責任の所在を明らかにすることが、住民が次の行動に移る大きな前提条件となる。また、後から見るように、住民によって共通の被害もあるが、住民により異なる被害もある。被害の違いによる分断を避けるために、それぞれ異なる被害があることを共有してもらうためである。

(b) 全国の人々に対しては、原発事故によって生じた放射線被ばくによる差別を生み出さないために、正しい知識を持ってもらうことが必要である（ただし、この点は非常に難しい。放射線が人間に与える影響についてさえ、医学界において判断が定まっていないのが現状である）。そのために町が先頭に立って情報を発信していくことが求められる。

また、今後も自地域の住民が賠償ならびに支援を受ける存在として正統性を保有していることを示すことも必要である。事故の風化が進み、「お金をもらいすぎている」という議論もが出てきている。挙げ句の果てには、住民間の軋轢を解消するために賠償を打ち切るべきだという議論まで出てきている。改めて「被害者シナリオ」においては、住民を「被害者」として位置づけ、住民が失ったものは何なのかをきちんと全国の人に説明していくことが求められる（3-5「被害者手帳の交付」も参照）。

　(c) 全国の自治体に対する責任とは、今回の原発事故をめぐる実際の対応が、次に生ずる事故対応の先例になるという意味においてである。二度と起きてほしくないが、原発事故が再び起きない保証はどこにもない。そしてその際、この原発事故への対応が前例として後世に影響を与えていくことになる。このことを考えた時に、きちんと住民ならびに自治体は電力会社・政府に対してその責任を追及したという事実が、次の被害自治体に対して大きな責務となる（仮に訴訟に負けるにしても、そのことが、事故が起きてしまったら政府は何もしてくれないという判断に結びつく）。そういった意味でも、日本で初めて原発事故による被害を受けた自治体の責務は非常に大きい。

3-2　被害の全貌を明らかにするための調査研究組織

　被害の全貌を明らかにすることを行政機構がおこなうことができれば、それに越したことはない。ただしそれは、行政機構が目の前の避難者対応をしている限りにおいて余裕はなく、現実的ではない。そのため、研究者ならびに住民を中心とした調査研究組織を立ち上げる必要があるだろう。

　具体的には、(a) 全国の訴訟団との連携を行うとともに、そこでの知見から事故に対する東電や政府の責任を明確にすること。(b) 住民へのヒアリングをおこなうことを通じて多様な被害を析出し、それを自治体による訴訟へとつなげていくことが求められる。そこにおいて研究者との連携が求められる。

3-3　行政機構による訴訟の支援[8]

　すでに 2-3 でも述べているように、住民が受けた被害に対する救済をおこなうために、被災自治体の行政機構が積極的に訴訟に介入していく必要がある。その第一の形が、住民に対する自治体の支援である。

　ただし、その対応は非常に難しい。原発事故から 5 年が経過するなかで、住民の置かれている立場は多様化し、復興に向けた考え方は異なる。住民による訴訟が住民間の分断をもたらす可能性もある。その時の亀裂としては、2 点あるだろう。

　(a) 避難指示区域に伴う分断。賠償の枠組みが異なる帰還困難区域の住民と居住制限区域・避難指示解除区域との間の分断としてあらわれる。訴訟団が別々に結成されることになり、それに伴い必然的に分断が生ずる。

　(b) 復興事業の恩恵を受けられるものと、そうでないものとの分断。今後、復興事業をめぐって一定の恩恵が受けられる立場が生ずるとともに、それらは訴訟の存在を快く思わない可能性がある。彼らの目には、訴訟の動きが復興を「妨害する」ものとして映るかもしれない。

　このように、被災地のなかでも利害の対立する多様な住民、多様な住民グループが登場しているなかで、行政機構がすべての団体を応援することは困難になってくるかもしれない。

3-4　訴訟の主体としての被災自治体

　これについても 2-3 で述べているが、行政機構が主体となって東京電力、政府に対して賠償を請求する可能性が模索されてもいいだろう。

　浪江町役場が提起した ADR においては、町民の精神的賠償の増額が認め

8　筆者は法律について詳しいわけではなく、ここでの議論が法律学からみれば問題があるだろう。3-3 ならびに 3-4 で指摘したいのは、被災地が復興するためのシナリオにて各種訴訟の可能性を追及することである。その点をご理解いただきたい。

られたものの、東電は頑なにその受諾を拒否している。このように考えると、住民にとっての次の選択肢は訴訟になる。現状においては、精神的賠償が支払われている期間においてはそれほど訴訟の動きは表れないだろう。しかし今後において避難指示が解除され、精神的賠償が打ち切られていくタイミングで訴訟の動きが出てくるだろう。

　このように考えた時に、訴訟に伴う分断を解消・調整するものとして行政機構が全面に立って訴訟を行う可能性もある。自治体が弁護士を雇い、訴訟団を立ち上げ、全住民の意思を代表して裁判をおこなうのである。そのために、首長選などを通じて意思を集約してもいいだろう。

　ただし、行政機構みずからが訴訟をおこなうときには、被害者の多様性・個別性を出せないという問題点がある。それを出すと、積み上げ方式での損害算定となり、行政機構が住民間の賠償格差に関与してしまうことになる。そのため、訴訟でおこなえるのは、住民としての共通部分での賠償請求になってしまう。そのため、特に被災地に固有の社会的共通資本をどのように賠償させるのかという点で大きな課題を抱えている。

3-5　被害者手帳の交付

　現在の制度体系においては「誰が原発被災者」であるかが明示的ではない。2012年に成立した子ども被災者生活支援法においても被災者が定義づけられてない。2013年に出されたその基本方針において、その対象者は福島県浜通りならびに中通りに限定されている。ここで対象としている地域については強制避難区域であるのでその対象に含まれるが、しかしそこにおいて被害者としての権利が長期にわたって担保されているとは限らない。加えてその支援内容も住宅や高速道路の無料化などにとどまっており、他地区に住宅を購入した人にとっては被災者としての権利はほぼ存在しないに等しい状況にある。

　そのため、訴訟において究極的に目指すべきことは、震災当時に被災自治

体の住民だったすべての者を対象とした被害者手帳の交付であろう。これはチェルノブイリ原発事故において被災者に発行されたものと基本的に同じものである。日本においても、原爆の被爆者手帳のように参考すべき先例が存在する（直野 2011）。被害者手帳の交付によって、さまざまな支援策が今後において一定程度保証されることを目指す。そのことにより、将来における健康悪化に対する不安緩和として機能するだろう。他方で原爆の被爆者手帳においてもその制度の成立には長期の時間がかかったこと、手帳の存在自体が差別を生み出す源になること、対象範囲や支援メニューの拡大にはさらなる時間が必要であること、そしてそれらは長期間にわたる運動によって勝ち取られたことなど、かなりの課題が存在する（直野 2011）。

また、被害者手帳制度の運用を民間企業（東京電力）におこなわせるにはあまりにも制度として不安定である。もしそれが可能になったとしても、水俣病と同じように認定基準の厳格化という問題が出てくるだろう。それは必然的に住民間の分断をもたらす。チェルノブイリ原発事故の場合には、国＝事業者だったからこそ国が制度を整備したとも言えるが、日本の場合にはそうならない可能性もある。

国においてできない場合には、被災自治体が訴訟によって勝ち取った賠償金を基金化し、独自の給付（上乗せ・横出し）をおこなっていくこともあるだろう。

3-6　オルタナティブ追求に対する支援

2-4 で述べた原発被害者によるオルタナティブなまちづくりの取り組みに対する行政機構による支援も必要であろう。具体的には、自治体の復興施策としてそれを承認し、それに対する住民の理解を改めて確認することが求められるだろう。

3-7　追悼施設・アーカイブ施設の建設

　被害者である住民への謝罪を「見える化」するためにも、追悼施設やアーカイブ施設を建設することが求められる。全国の住民・自治体に対して受けた被害を発信していくためのアーカイブ拠点を設けることも望まれる。この点で、後述する反省シナリオとはやるべきことを共有しているといえる。
　ただ被害者シナリオにおいては、住民がではなく、東電・政府に謝罪・反省させることが重要である。今後、二度と政治家から「原発事故による死者はいない」という馬鹿な発言が出ないためにも、震災関連死をされた方＝「生きて富岡町に戻れなかった町民」を追悼する施設を建設し、毎年3月11日に追悼式をおこなうことも必要かもしれない。
　また、アーカイブ施設では語り部を育成し、彼ら／彼女らによって原発事故の被害を伝承していくこともまた必要だろう。

4　他のシナリオとの整合性

　これまで見てきた被害者シナリオにおいては、政府の復興施策との関係次第でさまざまな「復興」の形があり得るだろう。
　しかし被害者シナリオを貫徹させるならば、本来ならば避難指示が継続されることが望ましい。避難の継続によって、住民ならびに自治体の被害を訴えることが長期的に可能になる。この点では、凍結シナリオとの共鳴度は高い。
　他方これは、没入シナリオ、すなわち政府による復興施策と全面的に矛盾することになる。そして被害者シナリオは、町が自立を拒否しているようにも見えるため、なにより社会全体からの理解が得られないとも言える。
　そのため現実的には、住民ならびに自治体は、自立に向けた努力をおこないつつも、なおそれでも被害が残存していること、生じていることを訴えて

いくことが求められる。

　ただしこれでは、被害者シナリオの「強み」が全面展開できないことになる。政府による避難指示の存在が被害を生み出しているわけで、避難指示が解除されれば被害が滅失してしまうことになる。もちろん、被害を余儀なくしたこと自体が後世まで被害をもたらしているという論理展開はあり得るだろう。

第2節　反省シナリオ～悔恨の物語～

今井　照

1　「反省シナリオ」の背景

　被災地は原発災害避難という体験から多くのことを学んだ。忘れようとしても忘れられないこともあるが、なかには忘れたくないのに忘れてしまいそうになることもある。2017年4月を目途に、帰還困難区域を除く原発被災地で避難指示が解除される予定になっている。しかし、多くの避難者は「帰りたいけど帰らない（帰れない）」と考えている。2015年9月に避難指示が解除された楢葉町では、1年後の2016年9月現在になっても、人口の1割も戻っていない。

　ほぼ毎年、ゼミで仮設住宅訪問を行い、あるいは原発事故以降5回にわたる朝日新聞社との共同調査の結果、多くの避難者が「戻りたいけど戻らない（戻れない）」と考えている要因は次の3点にまとめられる。第一はそもそも住宅が住める状態に再建されていないこと、第二に医療・買い物などの生活環境や放射線量などの自然環境の問題、第三が現在の原発状況に対する危機意識、すなわち「また避難することになりはしないか」という避難体験のトラウマから生じる忌避感覚にある（今井2016）。

　しばしば「廃炉作業」という言葉が使われるが、現実は廃炉作業以前の原発安定化作業すらもままならない。最初の一歩である汚染水問題すら解決の目途がついていない。いまだに放射能汚染水が日々大量に発生している。原子炉が崩壊している一方で冷却を続けざるを得ないのだから汚染水が日々発

第2節　反省シナリオ〜悔恨の物語〜

生するのは必然的である。

　廃炉作業の前提の前提であるはずの取り出すべき核燃料がどのような状態で原子炉の中のどこにあるのかさえも定かではない。平時でも30年を要すると言われている原発の廃炉だが、この事故ではまだ技術開発の初歩段階であり到底先は見通せない。政府は現在でも福島第一原発の「原子力緊急事態宣言」の解除を宣言できないでいる。近づけば即死するような状況が続いているのであるからグローバルスタンダードとしては当然である。

　しかも燃料デブリや使用済み核燃料などの存在は、作業上の一瞬のミスがあれば、再臨界のおそれすらあると指摘されている。もしそうなれば今度は首都圏に避難することもできなくなるかもしれない。このように福島第一原発が紙一重の状態にあることは誰よりも原発被災地の人たちが熟知している。

　つまり被災者は、避難先に落ち着こうと、あるいは避難元に戻ろうと、あのときの避難体験に向き合わざるを得ないという現実がある。それこそが原発災害避難から何を学んだのかという課題にほかならない。

　もしそうだとすれば、原発被災地の復興は「なぜ・誰が・どのようにして」そこが原発被災地になってしまったのかという課題とは無縁にはありえない。このことを追求してこそ「私たちの復興」(山下2015)の前提条件が成立する。もう二度と戻らないと決めた人たちから既に元の地域に戻った人たちまで、被災者は全国各地でそれぞれの方向を向いて日々の生活を営んでいるが、ただ、あの日、あの時、あの場所を共有していたことだけはいまもなお共通している。この結びつきを相互に確認するテーマこそ、原発避難から何を学んだのかであり、これを放置した「復興」は誰かよそ者の「復興」でしかない。このことを突き詰めない限り、地に足の着いたそれぞれの生活再建は成り立たない。それが「反省シナリオ」の肝である。

2　「反省シナリオ」で目指すべきこと

　被災者の多くがもっている忌避感覚は原発状況への「不信」に基づいてい

る。しばしば福島では「汚染水漏れ」「放射性物質の飛翔」「廃炉作業の困難性」などの報道に接する。だが被災者の忌避感覚や「不信」はこのようなレベルからもたらされている問題ではない。むしろ、文字通り生命をかけた作業に従事している人たちや困難に直面している東京電力の技術者たちに対し、福島では一般的には敬意が払われている。

　また「反原発」「脱原発」「原発再稼働」といった政策判断のレベルですらもない。被災者は原発災害のことを学べば学ぶほど、人類が直面してしまったより根源的な課題、すなわちパンドラの箱を開けてしまった人類の世界史的課題にたじろがざるをえない。だからたとえ一時期より放射線量が下がったとして避難指示が解除されても、あるいは一定の努力をすれば健康被害を避けることができると説明されても、依然として「不信」を拭うことができず、「帰りたいけど帰らない（帰れない）」という忌避感にさいなまされる。

　したがって原発被災地の復興の基軸は、避難体験から体得した人類史的課題を表現することにある。現時点ではどのようにして原子炉が崩壊していったのか、逆に言うと、今以上に「最悪」の事態がありえたとすればどうしてそれが回避されて「この程度」で済んだのかというメカニズムは必ずしも科学的に解明されているわけではない。各種の公開データから識者たちが推測するしかない段階である。しかし現時点でも、

　①どうして「ここに」原発が存在していたのか
　②この原発が私たちにどのような「被害」をもたらしたのか
　③人類にとって原発とはどのような「意味」を持つのか

といった課題は、かつてそこで暮らしていた立場から考えて表現することができるのではないか。原発被災地の復興は避難体験をもとに被災者が考えるこうした課題を将来にわたって伝承することを目標とする。

3　≪復興の主体≫「住民」とは何か

　津波や地震などを含め被災地の復興主体は住民である。ところが原発被災

地では、この場合の住民とは誰なのかが見えにくくなっている。

　原発避難自治体では広報誌等を3.11以前に住民であった人たちに送付しているところが多い。ただし、現実に役場にとって日常的に見えている「住民」は既に帰還した住民か、仮設住宅等でまとまって避難を継続し、役場と接触することが多い住民である。だがこれ以外にも避難を継続している住民は県内外のみなし仮設住宅や公営住宅等で生活をしている。また既に「転出」をして形式的には住民登録から外れている人たちの中にも、意思としては避難を継続している人たちが少なくない。

　まして原発避難自治体ではない県内県外の自治体から避難している住民は自治体からは見えていない。広報誌等すらも送られていない。どこにいるのかさえも把握されていないのである。図2-1は岡山県に避難している人たちがどこから避難してきたのかを示している。福島県からの避難者は3割程度で、なかでも避難指示が出ている市町村からの避難者は1割にも満たない。ではこれらの避難者はどこから避難してきているのか。岡山県庁の資料からは読み取れないので、別の調査を参照すると、千葉県（25.4％）、神奈川県（11.3％）、茨城県（9.9％）、東京都（8.5％）、埼玉県（8.5％）というように、その大部分が関東地方からの避難者であることがわかる（岡山理科大学建築学科調査）。このことから、少なくとも市民レベルにおいては、原発災害は福島県にはとどまらない東日本全体の災害だ

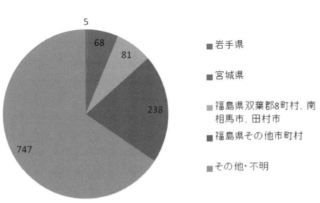

図2-1　岡山県への避難者の内訳（2015年7月8日現在）
出典：岡山県資料から筆者作成

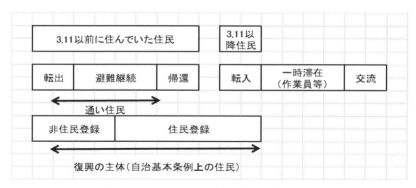

図 2-2　原発被災自治体における「住民」の概念図

ということがわかる。

　復興の主体である「住民」は日常的に可視化される住民よりも幅が広い。そこで原発避難自治体における住民の概念をまとめたのが図 2-2 となる。

　震災直後から被災地では「二重の住民登録」が提案されてきた。この主旨は一部が原発避難者事務処理特例法に反映されたが、ここに盛り込まれたのは主として避難先における行政サービスの受け手としての住民であり、実効的にはそのサービスに要する経費を国が支弁するということに限定されていた。避難先と避難元における権利と義務主体の住民という側面はほとんど顧みられなかった（今井 2011、今井 2014）。

　そこで日本学術会議のいくつかの提言などを通して、主権者である住民が避難者としての地位を維持し、確保するための「二重の住民登録」について提起を続けてきた 。これについて、避難者や学識者による理解や支持は進んだものの、国は一貫して否定している（第 3 章第 2 節参照）。

　本来は個別自治体を越えた国民国家上の権利と義務の問題にかかわるので、国法で整理しなければならない課題であるが、次善の策として自治体基本条例上の「住民」として定義することも考えられる。そのときの「住民」とは上図における「復興の主体」とした範囲になるだろう。

　復興の主体としての「住民」であることの意義は、今後のまちの復興のあ

第2節　反省シナリオ〜悔恨の物語〜

り方についての決定権の一部をもつということであり、同時に義務を負うということでもある。自治体基本条例で再定義をすれば、現在の国法上の住民（住民登録された住民）とは定義上の齟齬を生じることもありうるが、条例だけでは片付かない問題は選挙と課税に集約される[9]。

　望ましいことではないが、国法が整備されない以上、たとえば自治体基本条例で再定義する住民によって認定NPO法人を構成し、非住民登録の住民は住民税均等割相当額を会費として納入することで登録住民と同等のメンバーシップを得られるなどの措置もありうるかもしれない。認定NPO法人内の選挙によって選出された評議員会による決定を国法制度上の自治体議会が尊重して追認する、あるいは、町村長も認定NPO法人内で予備選挙を実施し、国法制度上の選挙で追認するというしくみも考えられる（準公選方式）。いわば空間を包摂する新自治体を創設するのである。これらはいかにもアクロバティックな手法であれが、国法によって「二重の住民登録」が制度化されるまでの過渡的な方法となる。

4　≪復興の具体像≫どのようなまちをめざすか

　原発災害避難から学んだ世界史的課題を表現する復興とは、具体的にはどのようなまちであることなのか。第一に原発立地地域として成立した過去の歴史を反省し、決別するまちをつくることである。このことをさらに進化させれば、「誘致」によって何らかの便益を得ようとするまちづくりから決別することにもつながる。

　「誘致」によって地域経済の自立を図るというスローガンがどんなに空虚で偽装されたものであったかこそが原発立地地域の歴史が示す教訓であった。「誘致」によって得られたものを維持しようとすれば、さらなる「誘致」

9　このほかに直面する重要な問題としては、地方交付税算定上の人口を意味する住民概念と齟齬が生じることである（第3章第2節参照）。

に走るしかない。現に事故前まで原発立地自治体は原発増設を要請していたのである。自立を図るためと言われていた「誘致」によってその町はますます自立から遠ざかっていく。

そもそも被災地を「誘致」に追い込んだ要因をどのように考えるか。日本の原発政策の誕生と経緯については、以前から研究が進んでいる（高木2000、吉岡2011等）。しかし、福島県沿岸部に「なぜ・誰が・どのようにして」立地したのかということについての研究はほとんどみられない。すぐれたルポとして、朝日新聞いわき支局編（1980）があるくらいで、その後の言及は開沼（2011）まで下る。

容易に想像できるのは「地域の貧困」「国策としての誘致」「県庁による強い斡旋」といった要素である。後二者はいわば地域をめぐる権力構造の問題であり、最初の1項はその動因と考えられる。しかしこうした「誘致」の構造を貫く背景には「成長」というイデオロギーがあるのではないか。「成長」イデオロギーも社会進歩や生活の豊かさを追求するものとして一概には否定できないという意見もある。いずれにしても、原発立地地域として成立した過去の歴史を追求すればするほど、このように近代社会を超克するような深い議論をしなくはならなくなる。それこそが世界史的課題を引き受けるということに他ならない。

その上でそこから決別するまちづくりを構想していかなくてはならない。しかしその前段階に時間を要する。この時間を惜しんで「次の一手」に踏み込めば、また同じような過ちを近い将来に引き継ぐことになる。重要なのは「反省」であり、経過の検証にある。その時間を稼ぐためには「次の一手」を封じることである。

そこで、さまざまな法的手段を講じて土地空間計画を策定し、それに基づいて地域内の事業活動の立地を規制して、50年後、100年後の未来に資する事業活動のみを長い時間をかけて順次許可していくこととする。その法的主体は自治体政府であり、このまちの自治体の第一の任務は土地管理自治体となる。

第2節　反省シナリオ〜悔恨の物語〜

> 土地空間計画（規制）
> ・特例制度を創設することによって、町村内全域を都市計画区域と同等の地区として設定し、土地利用規制をかけて、原発安定化事業とその関連産業（飲食等）以外の事業活動を一般的に禁止する。廃炉作業や貯蔵施設は廃炉や一時的貯蔵後の放射性廃棄物の移設先を含む超長期的な計画の立案を待ってその後に適正な規模で許可をする。

　第二に「反省」を全国や世界に発信する自治体である。原発被災地が原発災害避難で体得した経験知を将来にわたって伝承し続けていく。たとえば、ここで何が起きたのかを日本や世界の共有財産にするべく収集し、記録して展示する。

> 「反省」の伝承
> ・原発立地に至った地域の歴史と原発過酷事故への対応に関する検証作業を行い、日本や世界の「未災」自治体への教訓とする。出版、「反省」施設の建設、式典の開催、視察や見学の受け入れなどを通じて、世界への継続的なメッセージを発信する。

　第三にこうした意思決定と事業実施主体としての自治体を、既存国法制度上の自治体という性格に上乗せして、復興の主体たる住民によって構成される結集体として組織する（「二重の住民登録」による新自治体構想）。50年後、100年後の未来に向けて、市町村ごとに「通い住民」たちの拠点を形成し、緊急時への対応を準備する。

> 新自治体の建設
> ・国法による「二重の住民登録」の制度化に向けて、全国町村会など地方六団体を通じて国へ要請する（地方自治法第263条の3）などのロ

ビー活動を行う。
・国法制定までの過渡的な措置として自治体基本条例制定による住民の再定義と認定NPO法人による新自治体に向けた予備自治体活動を推進する（課税と参政についての調整）。
未来に向けた復興拠点
・帰還困難区域ばかりではなく、すべての関係市町村において、帰還住民はもちろんのこと、「反省」の伝承を担う「通い住民」たちが一時的に滞在可能なように、特定地域内に限って生活インフラを整備し、緊急時に備えたシェルター建設（一時宿泊施設兼用）、避難手段の確保等を行う。
・「二重の住民登録」の国法制定までの過渡的な措置として、地方交付税算定上の人口は2010年国勢調査をそのまま利用する。

5 「反省シナリオ」に基づく具体策

以上のような「反省シナリオ」における自治体像に向け、具体的な施策としては次のようなことがあげられる。

① 歴史の検証、政策の検証、事故の検証

県内原発全ての廃炉を決定した福島県庁と福島県議会の責任において、「なぜ・誰が・どのようにして」原発が福島に立地したのかということについて歴史検証を行う。次にその後のまちづくりにとって原発がどのような役割を果たしたのかという政策検証を行う。さらに今回の事故に至る経緯に関する事故検証を行う。歴史検証、政策検証、事故検証という3つの検証において、それぞれの責任のありかを明確にする。3つの検証を進めるために、福島県知事と福島県議会議長をトップとし、有識者と被災当事者を委員とする検証委員会を条例で設置をする。2年程度で結論（責任の所在）を出すように努める。

第2節　反省シナリオ～悔恨の物語～

　検証委員会には行政資料を含む資料収集、古老、国、県庁（歴代知事と関係管理職を含む）などへの聞き取り調査、事故関係者の証言聴取等に際し、条例において強い権限が付与される。
　またそれぞれの原発立地町村においては、歴史編纂と同等の体制で、原発誘致を中心とした行政史編纂を行う。またこれに並行して、町民主体での検証委員会を設置し、原発40年のまちづくりについて、功罪合わせ、何を失い、何を得たのかを明らかにする。東北電力の浪江・小高原発についても、関係市町はそれぞれに歴史的経過と廃案に至るまでの市民運動や意思決定過程について資料や証言を収集し編纂する。いずれも5年程度で公刊ができるようにする。

② 事故対応の検証

　次に事故対応の検証が必要である。国レベルでは、国会、政府、民間、東京電力において、それぞれの立場から検証記録が既に刊行されている。これに対して、福島県庁を含め各市町村では震災の記録のような冊子が刊行されているが、内容的には事実経過にとどまっている。重要なことは何ができて、何ができなかったのかということであり、できなかったことについては、なぜできなかったのか、どうすればよかったのかを考えることである。これらを明らかにすることは世界史的体験を経た被災自治体と被災者の責務ともいえる。このことによって、原発被災地は他の地域、他の自治体、他の市民と課題を共有することができ、共感を得ることができる。また「未災」自治体や「未災」市民へのメッセージになる。
　具体的には可能な限り、個々の被災者の行動を明らかにして記録に残すことから始まる。それぞれに事故から1年間程度の動きを収集しなくてはならないだろう。既に自動車の動きをGPSから把握し、ビッグデータ化する試みが行われているが、それがすべてではない。特に多数を占める高齢者や援護を必要とする病人、障害者、被介護者などの動きはそこに網羅されない。それぞれの動きには意味がある。動きの裏側には情報（うわさ）や判断があっ

たはすである[10]。

　これらを分析することで、今後の原発事故や震災対応に対する政策提言が可能になる。発災直後の体制はもちろんのこと、長期・広域・大量の被災者に対する政府や社会の支援体制について、現行法制度や災害救助制度などを見直し、必要不可欠にして最低限の支援が取り組まれるような政策制度提案をするべきである。業務量の大きさと広域性を踏まえると個々の市町村ではなく、県庁が責任を持って情報収集作業にあたり、その結果を被災自治体市民と有識者を交えた協議会で審議して提言に結びつけるのがよいかもしれない。

③ メッセージの発信

　以上のように、歴史検証、政策検証、事故検証、事故対応検証を進めながら、逐次、その成果をまとめて公表し、社会に問うていくことも同時並行的に行わなければならない。既に述べたように、「行政史」をはじめ、それぞれの検証報告書の刊行は不可欠であるが、その進行状況に沿った月刊誌などを継続的に刊行することで、全体の進行や方向性を提示しつつ、同時に有識者や市民の意見と協力を得ることも必要である。また各検証報告書をテーマごとに読みやすく編集し、解説した叢書、選書、写真集等の出版も、逐次、行う必要がある。

　またこれらの経過を報告し、それぞれの段階で議論をするような報告会やシンポジウムの定期的開催や、現地視察の受け入れによって理解を深めてもらう試みもあってよい。こうした作業を通じて、被災者と「未」被災者、避難者と「未」避難者など、県内外での広範な市民交流が進む。

　メッセージ発信の象徴的なイベントとして、3.11原発災害式典等の開催が考えられてもよい。その時期に合わせて、全国や世界からの研究者を招いた研究集会を開催する。また「反省」モニュメントの建設も必要かもしれない。

10　原発避難者の避難行動については、廣井悠（2014）が計量的に分析をしている。

第2節　反省シナリオ〜悔恨の物語〜

こうして福島第一原発事故の世界史的教訓を共有化し、同じような過ちを繰り返さないようなメッセージを持続的に発信していくことが必要である。

第3節　凍結シナリオ〜待機の物語〜

市村　高志

　東日本大震災及び福島第一原子力発電所事故により、福島県富岡町では避難指示が現在も継続され、住民は全国各地に避難をしている。

　発生から丸5年以上が経過し、「帰還」の為として行っている超大型公共事業である除染作業もある一定の目途が立ち始めたとされている。政府が掲げる主たる復興スキームの「帰還」について、その時期が2017年4月と示され避難解除が目前となってきた。他方で、時の経産大臣の発言で「移住」とキーワードも出たことから、「帰還と移住」という二者択一論に拍車がかかり、避難者への選択の強要とも言える政策が現実味を帯びてきた。しかし、「移住」というキーワードが無くても避難当時から「戻るか」「戻れるのか」といった二者択一で苦しんでいたのが避難当事者の心情であったし、そのような実態は「分断」と称して様々な形で多く見られていたはずだ。報道などでは「選択肢が増えた」という表現も見られたが、結果的には現在に至るまで、避難者にとって好転が見られていないのは明らかである。

　この実態は住民懇談会や仮設の交流会、専門家の調査報告、住民組織の「とみおか子ども未来ネットワーク」(以下TCF)が全国で行っているタウンミーティング事業という住民同士の対話の場で語られる内容などで示された避難当事者の心情や避難元の現状を受け止め、住民の多くは避難先から通いながら関係を維持していると捉えることが出来る。しかし、心身ともに相当な負担が生じており、早期に解消しなければならないと思えるのだが、原発災害の現実は、大変難しいというほかない。ある意味において富岡町で実施した

第3節　凍結シナリオ～待機の物語～

「第二次復興計画」においても、希望と現実の苦しい状況で、講じなければならない政策を論じていたが、根本的な問題解決がなされないことへの思考停止にも似た内容が発表された。そこで、その対処として無理な復興という選択ではなく、原発災害の現実を受け止め思考停止にならない、方法の一つとして「地域の凍結」を行い、監視していくことで、実際の住民の言動に見合う対策になるのではないかと考えるのである。

1　発生の起源

　避難元地域のコミュニティは原発災害時の対策無き避難によってもろくも崩壊してしまった。そこで強制避難区域の過酷な避難の原因を今一度考えてみると原子力発電所（第一、第二）が危機的状況になる恐れがあるために住民は一時的な危険回避行動としての避難と認識していた。この認識は言うまでもなく「安全神話」がもたらした結果であるといえよう。人々の中では、故に原子力発電所の危機的状況が改善されれば、すぐにでも戻ることが出来る、しかも日々の原子力発電所と地域の関係性を考えると、そう長くはかからないという思いでいたために、着の身着のままという軽装備で避難をしたのである。しかし、実際には全町避難が出され、その避難行動中に起こった福島第一原子力発電所の水素爆発によって避難開始時の思いは脆くも挫かれていった。住民にとって「安全神話」と称される、原子力発電所に対する認識で、思いもよらない爆発という現実を、受け入れるには、相当な時間も必要であると思えるのだが、この現実を目の当たりにした住民は直感的に直ちに帰ることは不可能なのではという疑念を事故当初から感じていたと言える。よって現地より遠く離れる必要性と正確な情報がもたらされない苛立ちといった状況の中で表しようがない不安に陥っていたのではないかと思えるのだ。ただし、住民全員がそのような感情でいたのかは定かではなく、原発関係の中では震災直後に情報を得ていたと言う事も考えられることから、未だに事実関係が不明な点が多いことも付け加えておく必要がある。

避難元の地域を離れ、県域をも超えて避難した過程には、一時の安住を求めて避難しているのであって、この事象が無ければ、時間をかけ、実施時期などを考えながら行うであろう「人生の選択」とされる決断を矢継ぎ早に、しかも短期間で行うこととなった。老若男女を問わず個々の自助努力や避難先の支えによってコミュニティ形成をしていったことになる。長期にわたる避難生活では家族間の状況の変化も当然のごとく現れており、高齢者は避難先で健康状態の悪化や最悪の場合は亡くなってしまった。若い世帯は新たな家族が誕生し、子供達は進学や就職といった新たな生活環境の変化も訪れている。

 避難によって行った決断がどのように作用したのか、また、現在もどのような事象をもたらしているのかは個人差が生じることだが、そこには福島県や避難元市町村の政策指針によって大きく影響を及ぼしていることは確かなことである。現に住宅などの支援策や賠償問題など福島県や避難元自治体の意向によって多くの物事が決定されている為、避難先において思いもよらない形で実情との乖離が生じており、大きな障害になっていることが少なくない。避難当事者が辿った過酷な避難を把握することも難しい事や、その実態すら解明されていない状態にもかかわらず、避難元の復興政策は住民の実情とは違った方向で突き進んでしまっている。

 私の避難元である富岡町においては第二次復興計画と称して住民と若手の役場職員とで構成された検討委員会が発足され、長時間を費やし、質的統合法をも用いて議論を重ね、その中で出された住民のやるせない思いや葛藤の中でも、現状に必要な一定の指針は出されており、住民と行政の乖離の緩和が少なからず図られたことが見て取れたが、実際に完成した第二次復興計画はその住民の思いを汲んだものとは違ってしまい、現地復興のみの、いわゆる「帰還」に沿った政策だけが都合よく姿を変えて発表され、ますます深い溝を作る結果となってしまった。

第3節 凍結シナリオ～待機の物語～

2 除染と帰還政策

　政府による復興政策とは帰還と地域再建の計画であり、被害を被った住民、人々の復興という概念はほとんど見受けられない。多くの住民は避難先での生活と、避難元に残してきた、物質的、精神的なものとの折り合いや今後の人生への不安、被った健康的な不安という葛藤の中で、大きな課題を背負っているが、そのような状態で自身に関わる情報として何が必要なことであるかという選定も難しくなってしまったように感じる。だからといって、避難元地域の復興を多くの住民は望んでいるのだが、実際の復興計画やその策定方法における住民軽視の進め方に疑念を持つこととなった。現状の政策では除染ありきの帰還政策であるが、何ら確立されず、手探りで行っている除染方法にどれほどの効果があるのか未知数であり、住民が除染を望む真意は、地域が震災前の放射線量、すなわち汚染地域の解消になることであったはずだ。

　その観点からも除染は手段であり、原状回復を目的として語られていたはずだが、いつの間にか除染という手段が目的と変化し、住民の望む結果はおざなりになってしまい、その不確定な効果を元にした現地再建が突き進んでしまっている。故に除染の効果の検証もままならない状態で、帰還を促進する政策が大半を占める結果となり、住民と行政の信頼関係がなお一層、希薄となってしまっている。住民が望む地域の姿というのは震災前の地域の姿であり、現在進行中の復興政策ではなく、本質的に望んでいるのは復旧であるのではないかと想定される。

　では、住民が望む復旧の概念とは地域を汚染している放射線物質の除去とその元凶である福島第一原子力発電所の絶対的な再発防止、すなわち廃炉の完了が不可欠であるが、実現は現段階の科学技術では不可能というほかない。除染では作業で生じる放射性物質が付着した物質をすべて取り除くことで、空間線量を以前の姿に戻すことであったが、取り除いた物質自体に含まれる

放射性物質の消滅方法はなく、唯一確立されている方法と言えば、安全にかつ拡散しないように維持管理しながら半減期と称されるように時間の経過を待つことしかない。よって汚染された物質を安全に維持管理するにはあまりにも膨大になった物質を保管する為の土地を確保することは不可能であると言わざるをえない。ただ、放射線の除去という観点において、唯一実証されているのが時間の経過による自然減衰（天然除染）ということであり、膨大な時間はかかるものの効果としては実現可能であるとされている。

一方の問題である廃炉実施についても、加害当事者の東京電力が発表した廃炉の工程では、要する時間を40年から50年と予測しており、しかも内容としては確立した技術は持ち合わせておらず、その方法は今後の科学技術の発展という希望的観測として語られている。このような現実と向き合い、広域避難をしている住民にとって、今後の人生設計を確立して行くために重要なことは、帰還や移住といった選択を強要されるのではなく、問題解決に必要な時間が確保され、避難元の現状の凍結と安全な維持管理を長期にわたり継続していくことであり、このことは最低限かつ絶対条件と考える。

3　地域凍結と役割

現状の避難地域の凍結とは、自然減衰（天然除染）と暫定的な廃炉に要する時間という観点において、少なからず30年間は震災前のような生活圏として活用することが叶わない地域と仮定し、その間にどのような問題が考えられるかという点を思考したものである。

一言で「凍結」と言っても、「放置」を意味するのではなく、実際に自然減衰（天然除染）による放射線の低減監視や汚染地域の環境影響などの実地調査や構造物の経年劣化などによる保全措置、治安の監視体制などに加え、地域においてはその間に実施しなければならない廃炉作業などの監視が継続されなければならないことから、町行政単位の管理体制を確立する必要があると考える。

第3節　凍結シナリオ〜待機の物語〜

　このように「管理」を行うための措置を講ずるためには、町の行政組織が必要不可欠であり、新たな体制、つまり変革が重要となる。しかしながら、実質的に地域は生活圏としての機能が正常な状態で成り立たないことから、住民の生活が存在しないということが大前提となってしまう。通常の町行政の業務を考えてみると、生活圏のない地域をどのように管理していかなくてはならないかといった、現行の法体系や機能がない状態を解消し新たな枠組みが必要となる。

　一つの考え方として「住民登録」と「居住」という観点から見てみると、通常は「居住」によって「住民登録」を行うものとして様々な事が制度的に組み立てられていることに気付く。すなわち、居住していれば、その地の住民となるが、原発災害によって広域に避難をしている住民の場合は、その概念が備わっていないと言えよう。この場合、避難問題が発生しているが、この取り扱いについて解消していくのではなく、原発災害によって生活基盤（汚染による地域）が損失し、損害を被った者として概念を移行することが考えられるのではないか。そうすることにより、「住民登録」と「居住」を分離した現行のような状況を維持する必要があると捉えることが出来るし、支援策からもそのような政策を望む者は少なくない。よって行政機構としては住民への行政責任という視点において、凍結期間の管理と広域避難者への対応業務を遂行していかなければならないはずである。

　他方で住民側としても「所属」意義を見出す必要が発生することから、広域避難に伴う、距離的な弊害を、取り除く事も重要となる。その中で住民が避難元自治体との関係性をどのように構築するのか、空間を共有しない「新たなコミュニティ」も同時に進め、その構築には住民と共に行政として最大限の対策を講じる必要がある。

4　住民登録と生活基盤

　「住民登録」と「生活基盤」とは、「居住」といった形態から、行政との関

係や社会との関係、日常生活といった総合的な営みを分割して考えてみたものだ。原発災害によって広域避難という形態となった住民の視点からすれば、居住地と住民票の表記が違うという生活をおくることとなった。原発災害から逃れ、避難してきたものの、その先において生活しなくてはならず、結果的にその地が生活の場、すなわち生活基盤となっていく。避難先へ生活基盤を移動した由来は原発災害によるものであり、他の要因ではないことから、多くの避難者は住民登録の変更をしていないことが現在も見て取れる。避難者の中には就学や高齢者対応などの行政サービスを受けるため、住民登録を変更した方もいるが、状況的には「いたしかたなく」という感情である。避難自治体に住民登録を残したまま、避難先での生活といったように、「住民登録」は避難元で、「生活基盤」は避難先というような生活形態に沿って対応策を考えてみる必要がある。現行であれば一体となっている制度を無理に分離した場合には、大きな問題が生じるかもしれないが、既に生活基盤の損失してしまったことで避難生活を送る避難者にとっては分離した考えの方がより現実味があるのである。

　さて、原発災害によって生活基盤の損失によって避難元が「凍結」という事態になった場合、避難元地域に帰還を望む者、もしくは何らかの理由で避難元で生活している者の取り扱いについて、問題が生じてしまう恐れがある。

　既に「生活基盤」として機能しないと定義づけされた地域とすると、避難者の現状は「所属地」と「生活基盤」が分離していることから、同一地域で確立したいと望む者に対して、どう対応するのかという問題に直面してしまう。しかし、現行制度であれば、わざわざ分離などせずとも、行政機能を維持すれば済むことであると捉えることが出来るが、原発災害による被害が地域にある為、それが叶わないという前提を鑑みると例えば、「特区制度」等を活用することで、対処することも一つの方法だろう。

　ただし、凍結期間の管理を担う行政機構が機能していることが重要なポイントである。すなわち、土台となる行政機能として凍結期間の管理があり、加えて「特区」として最低限の生活インフラの管理という体制が必要である。

他方で、「所属」を所持する住民は避難に伴い、広域に生活圏を持ち、しかも長期的（5年以上）になってしまっており、実質的には「住民登録」という意味合いは支援受益といった意識が強くなってしまっている。

現実に、避難指示を解除した他地域では、帰還者の割合は少なく、ましてや若年層の帰還率は壊滅状態であると言っても過言ではない。この状態は言うまでもなく、現行制度上のままで帰還政策を推し進めたからに他ならないと思えるのである。避難者という観点から所属者という観点に移行することで支援受益という意味だけではなく、被害を被った者として必要な政策に参画する事が、住民のコミュニティ意識を取り戻すこととなり、今後の行政運営にとっても必要なことであると捉えることが出来ると考える。

他方で避難先において生活基盤を持つことを避難先自治体も理解が必要となるが、現行では県域により住宅支援を代表する政策が行われていることでの避難当事者にのしかかる弊害が非常に多い。あくまでも避難先の都道府県としては福島県の意向を考慮して実施しており、住民の身近な存在であった市町村とは別の意思決定による政策が発生してしまっている。そのことにより、避難先においても住民と行政との信頼関係にも大きな影響があると捉えることが出来る。その弊害を払拭するためにも、基礎自治体と受け入れ自治体との連携が図られ、住民の意向に沿った対策を講じることも重要な要素となる。

5 自治体における住民

自治体の機能としても触れているが、既存の制度上の住民としての存続は「住民登録制度」、すなわち居住によるものであると思われる。5年に一度実施される「国勢調査」は、居住の実態を確認しており、地方交付税算定上の人口として活用される。原発被災に伴う避難地域を抱える市町村では、2015年度までの地方交付税算定では2010年度の国勢調査を基準とした人口が活用されてきたが、2016年度以降に活用される2015年の国勢調査で

は居住実態のある住民がゼロか、ごく少数ということになる。

　そこで2016年度からの地方交付税算定上の人口については、原発被災市町村（福島県を含む）の特例として、2010年国勢調査を基に住民基本台帳上の推移を加味して補正しながら計算することになった（マイナス10％を下限）。この時点ですでに「生活圏に居住」という概念ではなく「所属者」としての概念が住民となっていると言っても良いのではないかと考える。このことによって自治体の組織運営上に欠かせない財源として割合の多い地方交付税がかろうじて確保されている状態である。他方で避難先における自治体負担は別途に受け入れ住民1名に対して42,000円が国より交付されていることで、避難先における生活圏の負担が網羅されていることとなる。

　現行の制度上で生じる問題は特例として対応している実態で、応急処置的な側面での運用となっているが、生活基盤の損失ということを考慮することは、震災後3年経過したあたりから、再検討をしなければならなかったものと思われる。そして、現行制度上の住民とではなく、生活基盤を別にしなければならなかった避難住民としての思考が必要となるのは当然のことである。他方で自治体側の概念とは別に、住民としてはどのようなことが考えられるのか、という視点からみると、同じように居住と所属が同一ということで受けている行政サービス及び住民の地域への参画意欲という事象をどのように捉え、その住民自ら関与することの意義が確立できていないことも大きな問題である。

　制度的な観点で見た場合、その最たるものとして「納税」と「選挙権」がある。「税」については、住民視点と行政視点では捉え方が大きな違いがあるといえる。住民視点からは「住民税」や「所得税」といった自ら納付する為、もしくは徴収されるものという捉え方で語られるが、行政視点からは「地方交付税」やひも付きと言われる予算配分として考えられる。まず、住民視点の問題については、納付と徴収とした認識的な面からさほど大きな問題が生じるとは考えにくい。町財政の成り立ちを細かく見ていけば、割合的に少なく容易に検討がつくはずだ。それよりも国より分配される「地方交付税」の

方が、はるかに割合が多いことが見て取れる。よって予算配分の制度をどのように活用するかを考えれば良いものと捉えられる。

次が「選挙権」である。選挙は国民の成人が公平性のもとに持っている「権利」である。その権利が不公平な状態になることが大きな問題と捉えられるが、そもそもの選挙とはどのようなものなのかという視点に立ちかえれば、これも整理がつくものと考えられる。「所属者としての選挙権」と「生活基盤としての選挙権」といったように、割合や比重など配分は精査しなければならないが、現在の住民管理技術を用いれば、対応は十分に可能なことであると思える。

自治体と住民の関係性を既存の定義に当てはめようとすることで、反発が起こるという事象が発生してしまうことを、自治体と住民共に真摯に受け止めることで、新たな自治として構築する必要があると考えている。

表 2-1　所属と生活圏を分離した場合における住民の意向状況

1	直ちに帰還を望む場合	→①住民登録は避難元で生活基盤も避難元
2	現在は決定することが出来ない場合	→②住民登録も生活基盤も決断しない
		→③住民登録は避難元であるが、生活基盤は決めていない
3	既に移住を望む及び決定した場合	→④住民登録は避難元であるが、生活基盤は避難元ではない
		→⑤所属も生活圏も避難元ではないと決断した

6　地域再生の歩み

生活基盤が損失したことで、避難元地域の再生には長い時間と様々な取り組みが行われる事は、避難住民として、受け止めなければならない現実とな

り、一見すると「復興のあきらめ」にも似た思想となりがちである。現に避難解除地域における住民の動向にも表れているように、現行の復興政策では選択の強要となっていることで、「所属者」としての住民ですら存在することも出来ない状況になってしまっている。他方で仮に 30 年と定め「凍結」とすると、年代層によっては「移住」と同義語であると感じているし、その間に地域との関係を築くことが出来なければ、若年層からすれば「所属者」という意味すら、存在しなくなってしまう恐れも生じる。

　自治機構として住民の参画意思を保持する制度を確立する手法が無いままに、スピード感と称して、住民不在の避難元地域の復興を推し進めることが結果的に地域の崩壊になりうると思われるが、そのような事象を望む声など、避難当事者の対話の場等からは聞こえては来ない。そもそも問題自体を住民同士で協議する機会をほとんど持てていないと言う事が、根本的な解決手段の欠落ということを住民自身も認識することが必要なことのようである。本来、住民の声に耳を傾けなければならない地方議会も、劣化してしまっているようで、その役割が果たせていないと捉える住民も多い中、原発災害という未知の問題を論じることの重要性は広域に避難をしている住民に対し、より一層の負担を生じる事になり、自ずと問題を遠ざける傾向が強く表れてしまった。

　原発災害によって生じた問題の多さ故に、広域避難となり多くの被害を被った住民の意思を得る手法を確立することが官民一体となった取り組みが早急に望まれるはずなのだ。その場で得られる問題の数々を丁寧に検証し、対処していく事が他ならぬ、住民の「所属」意識の維持となり、結果的に地域再生の近道になると考える。

　現に富岡町では「第二次復興計画」において住民参画の計画づくりがなされており、その中で持ち寄られた住民に寄り添った、多くのアイディアの中には可能性を秘めたものが多数存在する。基礎となる「第三の道」という思考に至っては、統治機構に沿った形に変化させられ、「決められない人」といったように、行政に都合よく定義としてづけされてしまい、本来持つべき

第3節　凍結シナリオ～待機の物語～

住民意思を尊重する形とはならず、ガバメント的な思考によってのみ、構成された指針となり、結果的には住民意向を都合よく利用されてしまったのである。「第三の道」とは帰還、移住といった二者択一ではなく、選択の強要をされずに住民それぞれの選択が尊重される制度を確立するためであったはずだが、二者択一以外の物として扱われてしまっている。よって住民同士の対話の中から生まれた、小さな希望すら摘み取ってしまったことが、継続的な対話の場が急速に減少し、住民の「所属」意識の消滅に拍車をかけたことになる。そうなると町行政と住民との信頼関係が著しく悪化してしまい、本末転倒の事態に陥ってしまったこととなる。

7　30年後の地域

現実を捉え「凍結」を選択し、その期間に培った原発災害の対応は、未曾有の原発災害からの希望となり、そこで得られた知見は原子力政策や技術にとってかけがえのない英知となると捉えることも出来る。逆に不確定な状況のうえ、住民不在で推し進める復興政策の後に、30年後に訪れる本来の地域再生期に大きな弊害となってくるのは、現行の概念のまま避難解除した地域で生じている問題が既に示している。

　よって、不本意ながらも現行の概念では対処できない負の遺産は、世代を超え、次世代の住民によって真の復興が始まると予見される。しかし、30年後であっても実際には直ちには地域再生がなされる事はないかもしれないが、いかに凍結をした期間に現実逃避せず、思考停止せずに問題意識を持ち、現代に生きる我々が真摯に取り組むことによって、その結果は大きく変化するのではないだろうか。既に安易な避難解除によって、支障が出始めている地域社会構造の中において、帰還政策とした場当たり的な対策が結果的に、今の避難元地域社会の問題をことさら悪化させているように映ってしまう。

　そのような中でも真に原発災害からの克服をするのならば、今一度、立ち止まり「復興」と称した政策が住民やエネルギー受給者として、何をもたら

すのかを、見極める必要があるのではないかと思うのである。避難者は慌ただしい生活を送りながら日々、原発災害の事ばかり考えていたのでは生活に支障を来すことも多い。その反面、その生活の中でも原発災害によってもたらされた様々な被害に直面する事が多くなる。そのためにこの事象を忘却したとしても、根本的な苦しさからの脱却や解決は望めないし、不安だけが大きくのしかかってくると言う事は、震災からの5年間以上にも及ぶ避難生活や放射能により分断の渦中の中で十分に理解したことの一つであろう。

　避難当事者として、避難自治体として、この原発災害に向き合う姿勢そのものが、二度とは起こってはならない第二、第三の原発災害時にどのように影響を及ぼすのか、その時、東日本大震災及び福島第一原子力発電所事故に遭遇した、自治体をはじめ住民が問われるとするならば、科学的知見だけではなく、住民と共に様々な観点から確実な対策を講じることこそが、全国の方から支えられ、助けられた我々に課せられて大きな役割のようである。そのためにも「凍結」管理をし、恢復を待ち、そのための準備を整える事を早急に実施することが、未曾有の原発災害からの克服となる可能性を秘めたものではないだろうか。

　最後に、原発災害による被害は本当に多岐にわたる。当事者は避難者であり、被害者であり、被災者である。その他にも被害の償いや、健康被害などが主だったものとしてあるが、避難先でのコミュニティ形成や支援機構からの脱却、自立と称した一方的な圧力なども重要な問題である。故にこの地域で被害にあった住民の思いが反映されない政策が混迷の源となり、問題を複雑化している原因となってしまっている。

　だからこそ、混沌とした事態からの脱却として遠回りかもしれないが、最も確実性のある手法が地域の「凍結」をしながら、恢復を待つことではないかと考えられるのである。

第3章

シャドープラン

第1節　計画編：再建シナリオ～もう一つの物語～

佐藤　彰彦

　本節では、第1章で紹介された5つのシナリオのうち再建シナリオを取り上げる。具体的には、2014年8月から翌2015年3月にかけて策定された「富岡町災害復興計画（第二次）」（本節では以下、「第二次復興計画」という）の策定過程に着目し、そこに見出された再建シナリオの可能性と現時点（2016年8月末時点）における帰結、ならびに、今後の「真の復興」に向けた課題について考察したい[11]。

1　富岡町ならびに町民が置かれている状況
　　　──再建シナリオをとらえる前提

(1) 富岡町における復興の取り組み経緯

　原発事故以降、富岡町では、町の再生・復興の指針として2012年1月に「富岡町復興ビジョン」を、同年9月に「富岡町災害復興計画（第一次）を策定し、復興に取り組んできた。また、2014年3月には、町民の生活支援と沿岸部の土地利用の明確化のため、「富岡町復興まちづくり計画」を策定した。

11　なお、ここでは、再建シナリオにかんする考察を主とし、第二次復興計画策定プロセスの詳細についての記述は省略している。

これら計画の性格としては、除染事業やインフラ復旧事業をはじめ、原地復興にかかる各種の国庫補助事業を推進するための位置づけが大きかったといえよう。2015年7月に発行された第二次復興計画には、「これら計画にもとづいた除染やインフラ復旧が進む一方、町民の生活再建の状況や意向の多様化、帰還のための条件の変化による新たな取り組みが求められて」おり、第二次復興計画はその取り組み推進のための計画として位置づけられている。しかし、この記述は、原地復興・早期帰還を前提とした内容とも読み取れる。

第二次復興計画は、その構想段階において、原発事故災害が地域社会に引き起こした複雑かつ多様な問題を解決の方向に導くべく取り組まれ、町民と若手職員を中心とした討議を積み上げることによって、従来にない行政計画を目指したものであった。「今回の事故は、経済優先、原発ありきであらゆる勢力を巻き込んで進めてきた結果で、（略）ここでその路線を改めないと日本の破滅につながる」（福島大学 2014）という町民らの指摘の背景には、法制度を含むこの国の社会システムの機能不全が存在する。そうした状況を改善するためにも、第二次復興計画は、「国と喧嘩してでも、（現行の災害法制など）おかしなことは計画のなかできちんと位置づけ」[12] 抗うための術になるはずであった。

（2）原発災害被災地・被災者が抱える問題

原発事故災害は、被災地にどのような問題を引き起こしたのか。富岡町が第二次復興計画策定に着手するに至った背景としてこれら問題群を整理しておこう。

12　第二次復興計画策定当時の町役場担当課長の発言（2014年7月、事務担当者事前打ち合わせ時）。カッコ内は佐藤が付記。

第1節　計画編：再建シナリオ～もう一つの物語～

①被災地・被災者の現状と復興政策の乖離

　問題群の1点めは、避難者が抱える問題は極めて広範かつ複雑であり、時間経過とともに変容するということである。原発事故から避難初期までは比較的個人的な内容であった問題が、時間の経過とともに家族や暮らしにかんする問題へ、やがて、地域（避難元や避難先のコミュニティ）にかんする問題へと変化していく。当事者たちに認識される問題の焦点が変化しながら、家族や友人・知人などの人間関係、子どもの将来、健康問題、賠償と生活再建など、多数の問題ベクトルが入り交じり、その構造は複雑さを増していく。

　2点めは、このように複雑化した問題は当の被災者自身でさえ理解することが困難であり（山下他2013）、ましてや、国や県といった政策の現場では正確に認識されていない現状がある。被災地行政の職員は自分たちも被災者であり、こうした住民が抱える問題に対して理解は示すものの、通常業務を抱えながら、並行して被災後の復旧・復興にかかわるなかで、国や県が示す政策方針に従わざるを得ない状況におちいる（たとえば、小熊2014）。

　こうした状況があいまって、国・県・市町村という政治・権力構造のなかで、結果的に3点めとして、被災地・被災者のためであるはずの復興政策や各種支援政策が十分な救済に繋がらないという事態が恒常化する。そうしたなか、原子力損害賠償紛争審査会（原賠審）が2013年12月「東京電力株式会社福島第一、第二原子力発電所事故による原子力損害の範囲の判定等に関する中間指針第四次追補（避難指示の長期化等に係る損害について）」を公表する。

　この時点を境に4点めとして、国主導のもと、「原地復興」および「帰還」政策が加速化され、被災地や被災者のニーズが十分に反映されないまま、地域復興に向けた政治的決定が急速に進み、結果的に被災地や被災者が抱える問題が深刻化の一途を辿っていることがあげられる。

　その背後には、5点目として、地方自治を取り巻く我が国の法制度や現行の災害法制を取り巻く問題（佐藤2013）に加え、さらに6点めとして、派

生的加害としてのマス・メディアや我々国民世論がこうした問題の深刻化を後押している状況がある。ここには、研究者や（とくに今回の場合は）省庁や官僚など専門家のパターナリズムを含む周囲からの「分かったつもり」が暴力として働いてきたことも否定はできない（山下他 2013）。

②被災地・被災者を取り巻く問題の構造

次に具体的な問題の構造をみていこう。ここでは、富岡町の住民自助活動組織「とみおか子ども未来ネットワーク」（以下「TCF」）が 2012 年から 2013 年にかけて全国各地で開催してきた町民による意見交換会から得られた発話データを用い、質的統合法により分析した結果[13]に依拠しながら、被災地・被災者が置かれた状況を概観する[14]。

原発避難にかかる問題の全体構造のうちに通底して存在する問題は、（避難者が現在の状態から）いかに生活を再建するかにある。分析からは、その解決策として模索されるいくつかの方向性が明らかになった。その第 1 の方向性は「自力によって再建をめざす方向」である。しかし原発事故は住民から資産・職・住居……さまざまなものを奪い、避難者たちはこれら＜失ったもの＞を取り戻す難しさと、従来から描いていた人生設計とその安心感を喪失したことからくる閉塞感に苛まれている。ここには、いまなお強いられている避難生活の現状や当事者たちに対して世論の受け入れ姿勢が排除の方

---

[13] 意見交換会で得られた住民の声のなかから、避難生活上の問題・課題としての意味を持つ発言をすべて抜き取り、それぞれを独立したひとつの意味を持つセンテンスに分割する（1,052 センテンス）。分割された文章はそれだけでは意味をなさないものも少なくないため、前後の文脈からカッコ書きで補足説明を加え、独立した意味をもつセンテンスに整理する。この作業工程を単位化という。これら単位化されたデータのなかで類似する内容の個別データを統合化しながら相互の関係性から空間配置を行う。この作業工程を繰り返し階層的に積み上げ、樹形図のような階層構造図を作り上げていく。これらの作業を山浦晴男氏（情報工房代表）の全面的な協力を得て行った。
[14] 本文中の分析結果は、福島大学（2014）に依拠している。なお、データ分析作業は、山浦晴男氏による。

第1節　計画編：再建シナリオ〜もう一つの物語〜

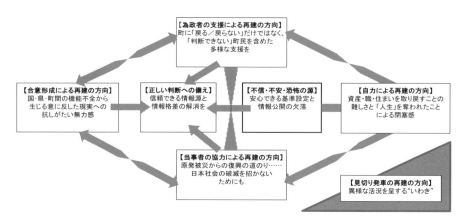

図 3-1　タウンミーティングから得られた原発避難問題にかかる構造図
出典：山浦晴男氏作成の構造図（福島大学 2014）を筆者が単純化

向に転じつつあることも拍車をかける結果となっている。

　第2の方向性は、個人と社会という意味において第1の対極にある「社会的合意形成によって再建をめざす方向」である。しかしこれもまた、「本来役割を果たすべき機関や組織等が機能不全に陥り、避難者にとっては常に意に反した現実が繰り返し出現する」ばかりで、避難者たちはそれに対して抗しがたい無力感に陥っている。すなわち、避難者は、国県町のレベルにおいて議会制民主主義に基づく仕組みが機能せず、さらに町民側は避難によって皆の考えをまとめることが難しく、結果として意に反する現実が起こっても国県が示す方針に従わざるを得ず頼らざるを得ない状態が続いていることに抗しがたい無力感と被害者意識を強めていることが浮き彫りになった。

　自力再建の道が困難を極め、そこから脱出するために彼らが直面している問題を社会的合意によって政策的に解決することすらままならない現状故に、そこからの打開の方向として為政者の支援を求めていることも明らかになった。第3の方向性はすなわち、「為政者の支援による再建の方向」であり、「帰還派・移住派・判断つかない派」に枝分かれしている被災者の状況に対して、避難者みずからが自由意思をもって将来を決定できる権利と選択肢が

整えられることへの期待ともいえよう。しかし、この方向もまた、国が主導する復興政策のもとで、現状を打破できない状況に陥っていることが明かになった。

　避難者が直面する複雑多岐にわたる問題の根本原因は、原発事故とそれにともなう放射能汚染にあるが、原発を国策として推進してきた国のもと、政治・行政機構がうまく機能しないなかで、いまだ避難者らは現在の混沌とした状況から抜け出せない状況にあるといえよう。

2　原発事故を招いた社会の変革を目指した復興計画

（1）計画の構想と着手

　こうして、原発事故後、変わらない現実のなかで、住民の帰還意識は低下し、町行政への不満や批判も高まりをみせるようになる。たとえば、将来が見通せないなか、「行政はこれからの町の方向を示せ」と口にする被災者たちがいる。この言葉には、「（国の意向に配慮せざるを得ない町）役場が示す将来の見通しは、恐らく自分たち（被災者）が納得できないものに違いない」という＜逆説的な負の期待＞が内在している。故郷との関係性を断ち切る理由を、町行政の失敗に求めようとしているのだ。このように被災者たちは、避難によってこれまで生活していた地域から切り離され、あるいは自らその関係性を絶ち、そこで長年培ってきたさまざまな関係性が崩壊していく。

　こうして地域が危機的な状況に追い込まれていくなか、富岡町では2014年8月、第二次復興計画の策定に着手する。その背景には、これまでみてきた問題に加え、次の理由がある。①原発事故後に生じている問題が社会システムにかかわる構造的な問題である以上、従来型の行政計画策定手法ではいずれ、原発事故を招いた（地域）社会を再生産することになる。②それを防ぎ、地域を再生・存続していくためにも、住民から幅広く意見聴取する機会をつくり、それを計画策定以降も恒常的・公的に担保し、国県に抗うた

第1節　計画編：再建シナリオ〜もう一つの物語〜

めの体制を整える必要がある[15]。③原発の利害関係、避難指示区域の違いや賠償格差、県内外への避難などから町民間にさまざまな分断や対立が生じている現状を打破し、町の統制をはかるための求心力（＝シンボル）として災害復興計画を位置づける。この際、その策定過程において、異なる立場の多様な意見を収斂していくためには、山浦晴男氏の質的統合法によるワークショップ型の検討スタイルが必要不可欠であった[16]。計画策定の基本方針は次のとおりである。

- 従来型の行政主導の計画とはしない
- 当該計画を現行法制等の矛盾改善に向け国県と抗うための根拠とする
- 国主導の早期帰還政策を認めつつ、それ以外の選択（＝「第三の道」）〉を重視する
- 世代交代をも鑑み、計画期間は概ね30年を目処とする
- 短中期的な原地復興＋長期的復興と住民生活再建の両輪による計画とする
- 策定後は、状況の変化に応じて適宜、見直しをはかることのできる柔軟な計画とする
- 実行計画の策定とその担い手は検討委員を中心に町民自らがかかわるものとする

　（ただし、行政関与が必要なものは、官民双方の取り組み、あるいは、

15　先にふれたTCF主催の町民意見交換会もその一例である。TCFの活動目的には、「町民の要望や意見、避難生活の現状を集約し、（略）町民の本当の声を国や関係各所に届ける」こと、「原発事故の責任の所在を明確にし、（略）避難者の実情に合った法制度の創設等を求める」こと、「町民の将来への多様な選択を尊重し、（略）富岡町の未来像と私たちの新しい故郷のかたちを町民自身の手によって創っていく」ことが挙げられている（とみおか子ども未来ネットワーク2013）。なお、町民意見交換会で得られたデータは、福島大学（2014）にまとめられ、第二次復興計画検討委員会における検討の基礎資料として提供された。こうした取り組みを町行政の仕組みのなかに恒常的に担保し、これまでの行政運営のあり方を根本的に問い直すための契機として、第二次復興計画が位置づけられた。

16　第二次復興計画策定当時の町役場担当課長の発言（2014年7月、事務担当者事前打ち合わせ時）。

行政事業とする）

（２）「第三の道」という考え方

　この考えは、原発事故後 5 年以上経過したいまなお、帰還の是非を判断できない町民が少なくない状況のなかで、現地復興・早期帰還を基本とする国主導の復興に取りあえずは「乗らない」選択を尊重するものである。日本学術会議社会学委員会（東日本大震災の被害構造と日本社会の再建の道を探る分科会）が、2014 年 9 月に取りまとめた「東日本大震災からの復興政策の改善についての提言」のなかで、座長の故舩橋晴俊氏が強く主張してきた復興のあり方である。その前年 2013 年 6 月に同分科会が取りまとめた「原発災害からの回復と復興のために必要な課題と取り組み態勢についての提言」のなかでも、その基本的方向性は示唆されてきた[17]。
　第二次復興計画では、「第三の道」を以下のようにとらえている。

　　町民にとっての「生活再建」と「帰還」あるいは、「町との関わり方」は、それぞれの立場や家族の状況などによって大きく異なります。
　　子どもの独立や、親の介護の状況の変化、自分たちの定年など、時間の変化で帰還と向き合う場面が訪れるかもしれません。そのため、町民にとっての復興や帰還はかなり長期的な視点からとらえる必要があります。
　　「生活再建」や「帰還」という問題は、「避難指示が解除されたら解決する」という単純なものではなく、年齢や家族の状況などに応じて多様であり、その解決には時間がかかる問題です。「すぐに戻ることはできないけど、いずれは戻りたい」、「戻れないけど町や町民と関わっていたい」。そうした多くの人たちの生活再建と町の復興をめざす方向が、早

17　同年、当科研基盤 C 研究会では、研究会メンバーでもあった舩橋氏とともに本提言書をもって、新たに町長に就任した宮本皓一氏を訪問する機会を得た。結果的に第二次復興計画が「第三の道」を基本的理念に掲げている背景には、こうした経緯がある。

第1節　計画編：再建シナリオ〜もう一つの物語〜

期の帰還と移住だけではない、「第三の道」という考え方です。

（3）質的統合法のワークショップ手法の導入による検討

　これらの基本方針のもと、町行政は約60名の住民検討委員会を発足し、計画策定に着手した。計画策定時期は、2014年8月から翌2015年3月までで、この間、計8回の全体会と部会が開催された。初回の全体会から2015年1月の第5回（全体会ならびに部会）までは、質的統合法を用いたワークショップ形式を導入し、ボトムアップで各種の施策・事業を積み上げていった。これらは取捨選択されるのではなく、計画期間内に随時修正可能なかたちで取りまとめられていった。

　第二次復興計画の策定場面（ただし、第5回までのワークショップまで）では、住民の意見を意見地図にまとめ、そこに示されたすべての意見を対象として重要度評価が行われた。意見地図とは、ワークショップで出された意見のうち、その意味合いが同じ、あるいは、極めて類似するものを1つの群として整理し、その各群がもつ意味内容を「表札」にまとめ、かつ、各群（＝「表札」）相互の関係を空間的・構造的に整理・配置し、視覚的にまとめ上げたものである。

　本書第1章では、「長期シナリオを単一の計画に無理にまとめ上げることは、かえって危険である」、あるいは、「将来の事態の推移や趨勢は1つに見通せないので、柔軟な対応の余地を残すため、選択肢として複数のシナリオを持ち続けたほうがよい」など、行政計画における問題点が指摘されている。しかし、意見地図をもちいた今回の検討手法では、その時点の状況から重要度の高いものが投票によって選択されるものの、投票数の少ない意見が切り捨てられることはない。また、少数意見が極めて政策的に重要な意味をもつ場合もあり、こうした意見群は、計画策定後の状況変化に応じて、改めて拾い上げられることになる[18]。

　質的統合法のワークショップを用いた計画策定過程は以下のとおりである。

表 3-1 質的統合法のワークショップの概要（第 1 〜 5 回まで）

第1回	2014年8月9〜10日	全体会	「避難者が抱えている課題」意見地図作成
第2回	2014年9月20〜21日	部　会	「部会ごと課題」意見地図作成
第3回	2014年11月3〜4日	部　会	上記の掘り下げと重要度評価
第4回	2014年12月5〜6日	全体会	全体会・部会の「統合課題地図」作成 上記の「長期／短期」的な重要度評価
		部　会	部会ごと「アイディア（施策）地図」作成
第5回	2015年1月24〜25日	部　会	部会ごとアイディア（施策）地図作成
		全体会	上記の統合アイディア（施策）地図作成 上記の「長期／短期」的な重要度評価

（4）復興計画策定の帰結

　本節では紙面の制約もあり、復興計画策定過程の詳細内容については割愛するが、当該計画は、その後、計画策定にかかわった行政職員を含む検討委員の手を離れ、行政計画書として集約される段階において、復興庁他からの強い指導が入り、従来の縦割り型の分野別・組織別計画に逆戻りするかたちでまとめられることとなった[19]。

　計画策定過程において、どのような作用が働き、意図せざる結果が導かれたか、にかんしては、今後、研究を継続していくなかで明らかにしていくこ

18　このことは、復興計画検討委員会でも了承され、かつ、「計画の位置づけ」「計画推進と実行体制」などとして第二次復興計画に盛り込むことが、行政担当者ならびにコンサルタントを含む事務担当者会議で再三にわたり確認されてきたが、最終的に取りまとめられた計画書からは完全に抜け落ちている。

19　第二次復興計画が、何故このような結果に至ったか、そのプロセスの構造的な分析、ならびに、今後の「真の復興」にかかる再建シナリオ等にかんしては、2016年を初年度とする科研基盤Ｂ（代表：佐藤彰彦）のなかで継続して研究していく。

第 1 節　計画編：再建シナリオ〜もう一つの物語〜

ととするが、ここでは現時点で推察されるいくつかの要因を挙げておこう。

　要因の1つめは、「復興計画は、ある意味で総合計画そのものである」（金井 本書:14）ことに起因する問題である。このことに関連し、第二次復興計画の策定過程において留意すべき点として、以下の相反する2つが指摘できる。

　第1に、第二次復興計画の策定に込められた政策的意図として、当該計画を「決して、従来型の行政計画にはしない」という考えがその根底にあったことである。従来型の行政計画——とりわけ災害後の復興計画とそこに盛り込まれる大規模公共事業——が、被災自治体にどのような結果をもたらしたかについては、過去の災害研究からも自明である。そこには経路依存に起因してさまざまな弊害が生じてきた。ショック・ドクトリンやヤレヤレ詐欺に乗じた後の財政負担はその最たるものだろう（小熊 2014、他）。また、原発事故災害こそは、従来の国主導の政策に自治体が従順してきたなかで生じた極めて構造的な問題であり、従来型の行政計画にもとづいた復興は、同じような問題を再生産する危険性を有するともいえよう。こうしたことから、第二次復興計画は「決して、従来型の行政計画であってはならなかった」のである。

　しかし一方で、当計画自体がその出発時点から大きな問題を抱えていたことが第2の点である。それは、第二次復興計画こそが総合計画そのものであったということである。このことは、事務担当者——計画策定業務を受託したコンサルタントを含めて——、ならびに、検討委員のレベルにおいて、計画策定の途中段階まで十分に共有されていなかった。第二次復興計画は、行政総合計画の性格を有しつつ、従来型の行政計画とは異なり画期的な自治体再建を目指すという相反する問題を孕んでいたのである。

　第二次復興計画が当初の意図と異なるかたちになった2つめの要因は、検討委員会での検討内容を計画書として取りまとめる段階から、まさに従来型の縦割り行政分野別で構成された行政計画とする動きが強力に進められたことである。ここには、被災の翌年に必要に迫られて策定した第一次復興計画からの連続性、ここにかかわってきた専門家[20]の意向などが強く作用

していたことが推察される。

3　道半ばの再建シナリオ

　以上、第二次復興計画をめぐるこれまでの動きを概観してきたが、ここでは、その計画策定過程に着目し、計画当初に意図されていた基本理念や政策の方向は本来どのようなものであったのか、課題の把握・整理〜施策の基本方向はどうあるべきであったかなどについて考察を試みる[21]。こうした作業を通して、すでに取りまとめられた計画書の内容との差異、あるいは、その策定過程にみられる課題等を把握することによって、少なからず、道半ばで糸が途切れてしまった復興シナリオを紡ぎ直し、これから「真の復興」の具現化に向けた一歩を踏み出す可能性の一端を探っていきたい。

(1) 町民が抱く避難生活上の課題と復興に向けた問題意識

　表3-2は、第1回検討委員会全体会の討議で挙がった問題・課題である[22]。表中の順位と合計点は、抽出・表札化された問題・課題に対し、現時点における重要度を検討委員の投票によってつけたものである。なお、これら問題課題を空間的・構造的に配置した意見地図を図3-2（巻末）に示しておいた。「ふるさと富岡の心のつながりの維持」（第1位、83点）を筆頭としたコミュ

20　たとえば、町役場の課長職、町内各種団体、国県等の関係機関などがかかわり、さらにここに、復興庁の強い指導が作用している。これらは専門家によるパターナリズムともとらえられるが、あくまでも専門的見地からの善意によるものであることは言うまでもない。

21　著者（佐藤）は、山浦晴男氏がファシリテートした質的統合法のワークショップに協力者としてかかわってきた。本文の内容は、当時の参与観察とデータにもとづいている。

22　第2回目以降の検討委員会では、部会ごとの検討が並行して行われた。ここに示した問題・課題は、その後の部会での議論をふまえ、両者を統合するかたちで再整理される（後述の本文 (2) 参照）。

第1節　計画編：再建シナリオ〜もう一つの物語〜

ニティの維持、復興にかかる拠点整備や産業基盤整備などにかんする事項が上位に挙がっている。

　これらを相互の関係からとらえるとどうなるだろうか。検討委員会での議論をふまえ、表札の配置を再整理しながらまとめてみよう。

表 3-2　町民が抱く避難生活上の課題と復興に向けた問題意識（重要度順）

順位	NO	分類タイトル	合計点
1	と	ふるさと富岡の心のつながりの維持	83
2	す	若い人たちが住めるまちづくり	57
3	Q	避難先での心身両面でのサポート強化	54
3	は	町としてのビジョンの明確化	54
5	ふ	住民のための富岡町復興拠点	50
6	F	富岡と原発事故の歴史の伝承	48
6	ひ	富岡町一町で対応の難しさ	48
8	あ	定められない居住地	44
8	て	産業再生に向けた基盤整備	44
10	L	避難先での横のコミュニティづくり	41
11	た	インフラの整備	34
12	せ	コンパクトなまちづくり	33
13	C	原発事故と今後の国の防災体制の責任の明確化	32
14	の	コミュニティの復興	30
15	お	賠償問題の早期確定	29
15	そ	帰還したくなるような早急な整備	29
17	つ	世代間の意識の共有の場づくり	28
17	V	二重住民制の導入	28
19	E	国の帰還基準への異議	26
19	け	生活設計の決断の難しさ	26
21	ね	新たな産業づくり	25
21	ま	町民の意向を踏まえた復興計画	25
23	I	富岡町の正確な姿の情報発信	23
24	Z	帰還する・しないの判断材料が欲しい	22
24	ほ	30〜50年先に孫につなぐビジョンづくり	22
26	K	差別に悩む	21
27	H	自立を促す支援	19
27	ぬ	自立しようとする人・企業の支援強化	19

第３章　シャドープラン

29	め	町民が自信と誇りが持てる町づくり	18
29	を	帰還／移住／判断つかない派の意見の差異よる判断の難しさ	18
31	さ	家、田畑の維持管理	17
32	ち	自然エネルギーの推進	16
33	N	国民が放射能について学ぶ	15
34	こ	面的除染による新しい住みやすい住民参加型のまちづくり 13	13
35	D	国の支援策が住民が求めるものになっていない	12
35	P	避難状況の実態にあった法整備	12
35	T	管理型処分場の設置の可否	12
35	か	利用しやすい住宅制度	12
35	き	残してきた自宅の財産管理の負担	12
35	み	町からの情報発信の強化	12
41	や	個々の事業に対応できる復興計画	11
42	A	首長・知事や町長がビジョンを打ち出すべき	10
42	S	廃炉作業に伴う事故への不安	10
42	し	廃炉ビジネスの創出	10
42	な	まちづくりの財源確保が課題	10
46	え	帰還の前提条件とそれを守らせること	9
47	に	町の主力産業の育成が課題	8
48	B	議員の動きが見えない	7
48	J	世論の風化・被災状況の風化	7
48	M	町へ安易な立ち入りの規制	7
48	ん	みんなが復興に関れる仕組みづくり	7
52	O	風評被害に悩む	6
52	U	一時的な移住の地	6
52	Y	被災者自らが第一原発を確認	6
52	ア	富岡町以外の方の移住の促進	6
52	よ	ボランティアと行政の連携	6
57	イ	状況の変化に伴う住民間の意識の分裂	5
57	む	富岡町へ気軽に行ける対策	5
59	へ	住民間のまちとしての結束力の低下	4
59	も	私たち一人ひとりの強い意志	4
61	わ	大幅な人口現象への不安	3
62	G	避難先住民の交流の充実化	2
62	W	避難先での健康維持	2
62	X	放射線の影響への不安	2
65	く	除染による住みやすいまちづくり	1

66	R	町民の健康管理は市町村単位で	0
66	い	仮住まいの住居整備の充実	0
66	う	一時帰宅判断できる放射線数値の公表	0
66	ゆ	町民の情報の共有の困難さ	0

出典：第二次復興計画検討委員会資料をもとに筆者が整理

①原発事故に対する責任追及と抗いという共通認識

　佐藤（2013）は、原発事故被災者を取り巻く状況の根底にある根源的な問題の所在が、原発事故を起こした責任を担うべき国・東電にあることを、1,000を超える町民の発話データ分析から導出している。町行政も、「C原発事故と今後の国の防災体制の責任の明確化」という共通認識こそが、全国に離散した町民の求心力となり得るものとしてとらえていた[23]。

　また、帰還基準に対する疑念や情報公開に対する不信なども、この根源的問題に起因している（佐藤2013）。「F富岡と原発事故の歴史の伝承」の意味合いは、そうしたことも含め、原発事故災害によって町行政や町民が経験してきたさまざまな問題を、国の責任追及も含意したかたちで、国内外に広く伝えていくことである。当然そこには、「S廃炉作業に伴う事故への不安」や「T管理型処分場の設置の可否」などの問題も含まれる。

　さらに、現状改善のために、国主導ではなく被災地・被災者がみずから関わることの重要性も指摘され、国や東電に対する責任追及と併せて、「P避難状況の実態にあった法整備」や復興に必要な「な まちづくりの財源確保」なども課題として認識されている。

　しかしながら、これら一連の重要な問題提起は、復興計画が行政計画書として取りまとめられる段階ですべて削除されることとなった。

23　第二次復興計画策定当時の町役場担当課長の発言（2014年7月、事務担当者事前打ち合わせ時）。

第3章　シャドープラン

表3-3　町民が抱く避難生活上の課題と復興に向けた問題意識（再分類後）その1

順位	NO	分類タイトル	合計点
13	**C**	**原発事故と今後の国の防災体制の責任の明確化**	**32**
6	**F**	**富岡と原発事故の歴史の伝承**	**48**
62	X	放射線の影響への不安	2
19	E	国の帰還基準への異議	26
42	S	廃炉作業に伴う事故への不安	10
46	え	帰還の前提条件とそれを守らせること	9
35	T	管理型処分場の設置の可否	12
66	う	一時帰宅判断できる放射線数値の公表	0
35	D	国の支援策が住民が求めるものになっていない	12
15	**お**	**賠償問題の早期確定**	**29**
35	P	避難状況の実態にあった法整備	12
42	な	まちづくりの財源確保が課題	10
52	Y	被災者自らが第一原発を確認	6
66	R	町民の健康管理は市町村単位で	0
34	こ	面的除染による新しい住みやすい住民参加型のまちづくり	13
65	く	除染による住みやすいまちづくり	1
33	N	国民が放射能について学ぶ	15

※合計点が検討委員数56名の半数にあたる28点以上の項目を**太字**で表記している。

出典：第二次復興計画検討委員会資料をもとに筆者が整理

②「第三の道」への期待

　町民たちは、長期化する避難生活のなかで、「K 差別」「J 世論の風化・被災状況の風化」などさまざまな問題を抱え、また、同じ町民でありながら「イ 状況の変化に伴う住民間の意識の分裂」も生じている。こうしたなか、彼らは町役場や議会などの情報が得られず、帰還や生活再建をめぐってなかなか判断ができない立場に置かれてきた。なかでも、「あ 定められない居住地」に代表されるように居住地選択にかかる問題は大きい。

　帰還の是非をはじめ、自分や家族の将来設計のためには、「は 町としてのビジョンの明確化」が必要となる。そこに求められるのは現時点で帰還や町

第1節　計画編：再建シナリオ～もう一つの物語～

とのかかわり方を判断できない町民の多様な選択肢を認めることであり、また、復興や生活再建にあたっては、町民みずからが主体的にかかわり、行政依存に傾向することなく自立を促すための仕組みや制度の必要性も挙げられる[24]。

表 3-3　町民が抱く避難生活上の課題と復興に向けた問題意識（再分類後）その 2

順位	NO	分類タイトル	合計点
26	K	差別に悩む	21
57	イ	状況の変化に伴う住民間の意識の分裂	5
48	J	世論の風化・被災状況の風化	7
52	O	風評被害に悩む	6
48	B	議員の動きが見えない	7
66	ゆ	町民の情報の共有の困難さ	0
23	I	富岡町の正確な姿の情報発信	23
35	み	町からの情報発信の強化	12
19	け	生活設計の決断の難しさ	26
29	を	帰還/移住/判断つかない派の意見の差異による判断の難しさ	18
61	わ	大幅な人口現象への不安	3
8	**あ**	**定められない居住地**	**44**
3	**は**	**町としてのビジョンの明確化**	**54**
24	Z	帰還する・しないの判断材料が欲しい	22
24	ほ	30～50年先に孫につなぐビジョンづくり	22
42	A	首長・知事や町長がビジョンを打ち出すべき	10
21	ま	町民の意向を踏まえた復興計画	25
41	や	個々の事業に対応できる復興計画	11
29	め	町民が自信と誇りが持てる町づくり	18
27	H	自立を促す支援	19
48	ん	みんなが復興に関れる仕組みづくり	7
59	も	私たち一人ひとりの強い意志	4

※合計点が検討委員数 56 名の半数にあたる 28 点以上の項目を**太字**で表記している。
出典：第二次復興計画検討委員会資料をもとに筆者が整理

③長期待避から復興へ向けた段階的プロセスの必要性

　町民が離散し、町の将来が見通せず、「へ 住民間のまちとしての結束力の低下」が進むなか、「と ふるさと富岡の心のつながりの維持」（第1位、83票）を求める声は極めて強い。「Q 避難先での心身両面でのサポート強化」をはかりつつ、「L 避難先での横のコミュニティづくり」や世代を超えた意識の共有（「つ 世代間の意識の共有の場づくり」）を進めていくことは、立場の異なる町民が町とかかわりを持ちつづけることの重要性、長期待避ののちに帰還する可能性のある人たちの潜在的ニーズの現れともいえよう。

　このように町民の町との関係性を維持する一方で、長期的な復興に向けたさまざまな段階的取り組みの必要性も指摘されている。たとえば、「ふ 住民のための富岡町復興拠点」のなかでは、ハードとしての物理的・空間的な意味合いとともに、一時帰宅をする町民や通い復興で町を訪れる人たちが交流・居住できるしくみ（＝富岡町を擬似的に再現する時間や機会）の必要性なども指摘されている。これらの取り組みを段階的に、点から線・面へと発展的に整備していくことで、長期間にわたる復興具現化の可能性がみえてくる。

　また、今後長期にわたって帰還できない町民に対しては、「さ 家、田畑の維持管理」「き 残してきた自宅の財産管理の負担」や「V 二重住民制の導入」など、今後も町民であり続けるための各種法制度の整備の必要性も指摘されている。

表3-3　町民が抱く避難生活上の課題と復興に向けた問題意識（再分類後）その3

順位	NO	分類タイトル	合計点
59	ヘ	住民間のまちとしての結束力の低下	4
1	と	ふるさと富岡の心のつながりの維持	83
62	G	避難先住民の交流の充実化	2
3	Q	避難先での心身両面でのサポート強化	54

24　第二次復興計画策定に先立ち、町役場の若手職員（検討委員会委員）を対象に行った職員ワークショップでは、「現行の復興／生活支援施策が逆に被災者の自立を阻害している」可能性について指摘がなされた。

第1節　計画編：再建シナリオ～もう一つの物語～

10	L	避難先での横のコミュニティづくり	41
17	つ	世代間の意識の共有の場づくり	28
62	W	避難先での健康維持	2
52	U	一時的な移住の地	6
66	い	仮住まいの住居整備の充実	0
5	ふ	住民のための富岡町復興拠点	50
14	の	コミュニティの復興	30
17	V	二重住民制の導入	28
31	さ	家、田畑の維持管理	17
35	き	残してきた自宅の財産管理の負担	12
57	む	富岡町へ気軽に行ける対策	5
35	か	利用しやすい住宅制度	12
52	ア	富岡町以外の方の移住の促進	6
2	す	若い人たちが住めるまちづくり	57
12	せ	コンパクトなまちづくり	33
6	ひ	富岡町一町で対応の難しさ	48
11	た	インフラの整備	34
52	よ	ボランティアと行政の連携	6
15	そ	帰還したくなるような早急な整備	29
48	M	町へ安易な立ち入りの規制	7

※合計点が検討委員数56名の半数にあたる28点以上の項目を**太字**で表記している。
出典：第二次復興計画検討委員会資料をもとに筆者が整理

④町の再生・存続に不可欠な経済基盤の必要性と困難

　避難によって、原発事故前の仕事を失った人たちは少なくないが、町の復興にあたっては、経済基盤の確立が最重要課題である。しかしながら、原発

25　第二次復興計画の産業再生・創出部会や職員を対象として開催されたワークショップなどの場面では、「東電にかわる大規模産業を国・東電の責任で誘致する」や「財政確保のため、国家プロジェクトを積極的に誘致する」などの意見が目立った。

を頂点として成り立ってきた産業構造を新たなかたちで再構築することは極めて困難である[25]。また、ここでは、現行の支援策が帰還する人たちに有利な状況にあり、とくに県外で避難生活を送っている人たちにとって、自立しようとする場合の困難さも指摘されてきた。「ぬ　自立しようとする人・企業の支援強化」はそうした問題の表れでもある。

表 3-3　町民が抱く避難生活上の課題と復興に向けた問題意識（再分類後）その 4

順位	NO	分類タイトル	合計点
21	ね	新たな産業づくり	25
8	て	産業再生に向けた基盤整備	44
47	に	町の主力産業の育成が課題	8
32	ち	自然エネルギーの推進	16
42	し	廃炉ビジネスの創出	10
27	ぬ	自立しようとする人・企業の支援強化	19

※合計点が検討委員数 56 名の半数にあたる 28 点以上の項目を太字で表記している。
出典：第二次復興計画検討委員会資料をもとに筆者が整理

（2）復興に向けた政策的対応課題

ここまで、第 1 回検討委員会（全体会）で議論された課題についてみてきたが、この後、検討委員会では、各部会ごとにさらに課題を掘り下げ、政策的対応課題を析出し、復興に向けた各種施策・事業の提案を行ってきた。その過程で、先ほどの課題と部会ごとに掘り下げた課題が統合・整理された。ファシリテーターを務めた山浦氏は、全体会ならびに部会のデータを質的統合法によりこれらを分析・整理した。以下がその全体像である。これを構造的に整理した見取り図が図 3-3 である。

　　東日本大震災から 3 年半以上が経過するいま（第二次復興計画策定時点）、富岡町災害復興計画（第 2 次）検討委員会の検討結果から浮かび

第1節　計画編：再建シナリオ〜もう一つの物語〜

上がる町民の抱えている課題は、次のようである。

これから向かう方向として、「町民が誇りを継承できる復興の道標」は、「原発被災地であることを踏まえた復興ビジョンの提示と実践状況の情報発信」である。すなわち、原発被災地であることを踏まえた30年後のビジョンと誇りを継承できる町の姿の提示と、実際の取り組みの姿の国内外への情報発信が課題となる。

その発信の下で、取り組みの立脚基盤となる課題が、2つ存在する。

第1は「実行主体の形成」で、「町民の自立的な取り組みと関連組織との連携・協働の体制づくり」である。すなわち、復興課題解決に向けた町民の自立的取り組みの仕組みと議会・行政・利害関係組織との連携・協働の体制づくりである。

第2は、それにより「実行の裏付けの形成」をはかることで、「財源補償と法整備の働きかけ」である。すなわち、町民と町の権利を守るべく、避難状況の実態に沿った財源補償と法整備の働きかけである。

そのためにも、第1の「実行主体の形成」が必要となる。

このような基盤に立脚し、4つの角度から、復興に向けた実際的な取組み課題が浮かび上がってきている。

第1の実際的な取り組み課題は、「避難生活の支援の取り組み」で、「移住・帰還・保留の選択と年代・家族の状況変化の複合状況に対応した生活支援策の推進」である。すなわち、移住・帰還・保留の選択の判断と年代・家族の状況変化の複合状況に対応した、避難者個人とコミュニティの両面からの生活支援策の推進である。

その上で向かうべき方向の一つとしての取り組みが第2の課題で、「町内復興の取り組み」である「原発事故の解決と次世代へ継承できる町の再興」である。すなわち、国の責任である原発事故の解決への働きかけと次世代へ継承できる町の再興である。

これと対極にある向かうべき方向の一つが第3の課題で、「町外復興の取り組み」である。すなわち、町外でのスマートシティーづくりの意

第3章　シャドープラン

富岡町災害復興計画（第2次）検討委員会：課題の構造（総集編）

見取図

① 町民が誇りを継承できる復興の道標：
原発被災地であることを踏まえた復興ビジョンの提示と実践状況の情報発信

E004　原発被災地であることを踏まえた30年後のビジョンと誇りを継承できる町の姿の提示と実際の取組みの姿の国内外への情報発信　01

その発信の下で

方向として

⑤ 町内復興の取組み：
原発事故解決と次世代継承できる町の再興

両極の選択肢の広がりの中で

⑥ 町外復興の取組み：
スマートシティーづくり

F001　国の責任である原発事故の解決への働きかけと次世代継承できる町の再興　05

B017　Q：町外でのスマートシティーづくり〔長期：5→0→0、短期：1→1→1〕　05

相まつ形で　相まつ形で

⑦ 次世代育成の取組み：
学校教育環境の整備

B030　え：子供の学校教育環境の整備〔長期：23（15位）→46（6位）→42（9位）、短期：11→23（16位）→15〕　05

その上で、一つの方向として　相まつ形で　その上で、一つの方向として

④ 避難生活の支援の取組み：
移住・帰還・保留の選択と年代・家族の状況変化の複合状況に対応した生活支援策の推進

E002　移住・帰還・保留の選択の判断と年代・家族の状況の変化の複合状況に対応した、避難者個人とコミュニティの両面からの生活支援策の推進　04

立脚し

② 実行主体の形成：
町民の自立的な取組みと関連組織との連携・協働の体制づくり

③ 実行の裏付けの形成：
財源補償と法整備の働きかけ

E003　復興課題解決に向けた町民の自立的取組みの仕組みと議会・行政・利害関係組織との連携・協働の体制づくり　02

それにより　　そのためにも

D005　町民と町の権利を守るべく、避難状況の実態に沿った財源補償と法整備の働きかけ　03

【図の見方】
（註1）①〜⑦の数字は、全体像の解説の流れを示す。
（註2）四角の囲み数字は、細部図の番号を示す。
（註3）細部図の頁における細部図番号につづく括弧内の矢印を付した図番号は、見取図あるいは細部図の参照箇所を示す。
（註4）細部図の「p数字」は、分析データリストの参照頁を示す。検討委員の生の意見が参照できる。
（註5）A001〜、B001〜、．．．、F001は、統合の階層を示す。

【データの見方】
（註1）B階層は、第4回の全体会のタイトル。【】内の長期、短期は、それぞれの観点からの重要度評価を意味する。数字は、予備選挙（順位）→中間選挙（順位）→本選挙（順位）の投票結果を示す。
（註2）A階層の文頭の記号（全）は、第1回の全体会のタイトル。それに続く【情報】【心】【生活】【産】は、各部会分けの類別を示す。文頭に【情報】【心】【生活】【産】の表示があるものは、第2〜3回の部会で出された意見のタイトル。
（註3）上記記号に続く「ABC〜」「あいう〜」は、重要度評価時の評価対象を示す。文末の数字と順位は、部会での重要度評価結果を示す。
（註4）【情報】＝情報発信、【心】＝心のつながり、【生活】＝生活支援【産】＝産業再生・創出の部会名の略記。

(1) 2014年12月12〜29日
(2) 情報工房
(3) 検討委員会第1〜4回課題意見536項目、第4回意見地図タイトル数56項目
(4) 山浦晴男

図3-3　第二次復興計画検討委員会・政策的課題群の質的統合法による構造分析
出典：第二次復興計画検討委員会資料（山浦晴男氏作成）

109

第1節　計画編：再建シナリオ〜もう一つの物語〜

見に代表される方向である。

　このような「町内復興の取り組み」と「町外復興の取り組み」の両極の選択肢の広がりのなかで、実際的な復興の取り組みが必要となっている。

　加えて、上記3つの取り組み課題と相俟つ形で、「次世代育成の取り組み」である「学校教育環境の整備」が第4の課題として提起されている。すなわち、子どもの学校教育環境の整備である。

　以上のような実行基盤の形成と実際的な復興の取り組みを通して、最初に提示した「町民が誇りを継承できる復興の道標」の方向を目指し、その課題の実践状況を発信することで、復興への取り組みを着実に加速させていくことが課題視されている。

（第二次復興計画検討委員会資料　山浦晴男氏）

（3）検討委員会が積みあげた復興施策・事業の方向

　復興計画検討委員会では、（2）で示した政策的課題をふまえ、4つの部会（「情報発信部会」「心のつながり部会」「産業再生・創出部会」「生活支援部会」）ごとに、計283件におよぶ多彩な施策・事業提案を行った[26]。政策的課題同様、山浦氏がこれら施策・事業の内容を質的統合法をもちいて分析・整理した。以下がその全体像である。これを構造的に整理した見取り図が図3-4である。

　富岡町災害復興計画（第2次）検討委員会は、浮かび上がった課題を踏まえ、課題解決の施策アイデアを案出した。その結果、町民として国

26　当初の段階（第5回検討委員会まで）では、これら施策・事業提案を基本として第二次復興計画を構成する構想だったが、最終的にこれらはすべて計画書本編から外され、資料編としてまとめられた。提案内容は多種多様で、短期的な取り組みとして町民みずからが取り組めるものも多く、策定にかかわった行政職員や町民が主体的にかかわる内容のものも少なくない。

や県、町に求めるとともに、自らも取り組もうとしている施策は、次のようである。

　復興に向けて取り組みの基盤となる施策は、2つである。

　第1は「実行体制の確立」で、「町民主体の復興組織と行政をはじめとした各機関・団体との連携の体制づくりと実践」である。すなわち、検討委員会を起点に、情報の一元管理の仕組みの下で、町民主体の復興組織と各行政機関・各種団体・避難先自治体との連携の体制構築と実践を行なう。

　その下で、第2は「原発事故への対処」で、「町民目線による社会を巻き込んだ現実打開の推進」である。すなわち、町民目線で、原発事故とそれに伴う汚染、廃炉作業の学習・調査・研究・情報発信による社会を巻き込んだ現実打開の推進をする。

　このような「原発事故への対処」によりさらに「実行体制の確立」を押し進めていく。

　両者の取り組みに立脚して、町民の生活再建と町の復興に向けた取り組みを行なう。

　その起点は「町と町民の意志決定」で、「帰還時期の確定と進路選択に対応した支援」である。すなわち、帰還時期とその後の進路選択に対応した支援を行なう。

　このような「町と町民の意志決定」を起点に、具体的な生活再建の取り組みを3つの角度から行なう。

　第1は「避難先生活」で、「自立にむけた全人的支援」である。すなわち、原発被災に伴う避難先町民のニーズ把握に立脚した全町民の自立復興にむけた全人的支援を行なう。

　このことと連携しながら、第2は「富岡町生活」で、「段階的帰還の取り組み」である。すなわち、避難先から繋がる拠点、歴史と未来を見据えた復興の起点となる拠点、そしてみんなが夢を抱け安心して帰還可能な町の再生・創出の段階的な取り組みをする。

第1節　計画編：再建シナリオ～もう一つの物語～

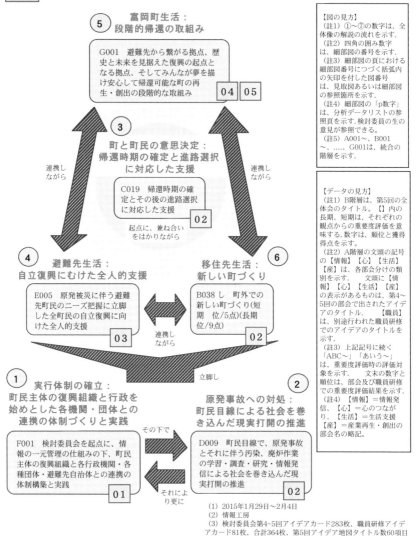

図3-4　第二次復興計画検討委員会・施策アイディア群の質的統合法による構造分析
　　　　出典：第二次復興計画検討委員会資料（山浦晴男氏作成）

第3章　シャドープラン

　　第3は、これらと連携しながら「移住先での生活」で、「新しい町づくり」である。すなわち、町外での新しい町づくりである。
　　このような3つの角度からの生活再建の取り組みは、「町と町民の意思決定」である「帰還時期の確定と進路選択に対応した支援」との兼ね合いをはかりながら、暫時取り組んでいくことが必要となる。
　　以上のように、「実行体制の確立」と町民目線による「原発事故への対処」の取り組みに立脚し、「町と町民の意志決定」を起点に、あるいはそれとの兼ね合いをはかりながら、「避難先生活」と「富岡町生活」、「移住先生活」の3つの角度から、町民生活の再建と町の復興に取り組むことが発案されている。

（第二次復興計画検討委員会資料　山浦晴男氏）

4　消滅したシャドープラン——陰の第二次復興計画（基本構想）案

　すでにふれたように、第二次復興計画の完了時には、これまで紹介してきた検討委員会のアウトプットの多くが、直接的に計画書本編に盛り込まれることはなかった。計画策定過程の中盤以降、そこにかかわってきた山浦氏を含む有志（筆者佐藤を含む）は、こうした復興計画の帰結を予想し、計画書の代替案を準備していた。それは、前項2・3の内容をふまえた基本構想の骨子である（図3-5）。計画書の取りまとめが進捗しない状況を鑑み、このシャドープランを行政担当者と委託業者に渡し、必要に応じて活用してもらうこととした。
　図3-5（その1）は、第二次災害復興計画の必要性にかんする記述である。福島県内を中心としながらも全国に離散した立場の異なる町民の求心力を創ることが、町の復興には必要であった。そのためには、検討委員会メンバーを中心に町民らが、3-（1）-①でふれた「原発事故に対する責任追及と抗いという共通認識」を持つことが出発点になるはずであった。ここでは、町ならびに町民が置かれている理不尽な状況が原発事故に起因するも、国・東

第1節　計画編：再建シナリオ～もう一つの物語～

なぜいま、復興計画が必要か？

3.12以降、私たちは4年以上にわたる苦しい避難生活を強いられています。
　当たり前にあった＜暮らし＞を奪われ、今なお、辛い状況から抜け出す出口すらみえません。将来を考えようにも、正しい情報は封じ込められているようで、その判断材料さえ手にすることができないのです。

　こうした苦しみの元凶は原子力発電所（以下「原発」）の事故にほかなりません。しかし、原発はいまだ廃炉作業や汚染水処理などの問題を抱え、収束にはほど遠い状態にあります。それにもかかわらず、事故の風化は進み、被災地は世論から忘れ去られようとしています。

　まるで、私たちが置かれている現実が正しく理解されないままに、復興という名の下に国や企業の利害によって政策が進められているかのようです。
　国が示す復興は帰還の早期実現です。富岡町の将来のためにも、この考えは否定されるものではありません。しかし、現実に進められようとしている復興の中身には、「早急な避難指示解除と移住者への支援打ち切り」ととらえざるをえない部分もあります。
　　※このような背景から、町は国から示された警戒区域解除に反対し、2012年に「5年間は帰らない」宣言をしましたが、廃炉、除染、中間貯蔵施設問題など、国主導の復興は思うようにはかどってこなかったのが現実です。

　私たち町民は誰ひとりとして「故郷を棄てよう」などとは考えていません。出口がみえないなかで決めきれない、あるは、やむにやまれず決断をしているのです。このまま私たちの意に反したかたちで政策が決められ復興が進めば、町や町民にとってより大きな不利益が生じることは明らかです。

　こうした状況を改善していくためには、たとえ国や県の方針であっても、より良い方向に変えていくことが大切です。それは国や県の利益にもつながるはずです。
　そのためには、私たち当事者が抱える悩みや問題を拾い上げることから復興を考えるという計画づくりが必要なのです。『富岡町災害復興計画（第二次）』は、そのための計画です。

　　※町ではこれまで、町民の帰還と町の復興をめざした『富岡町災害復興ビジョン』（2012年1月）、当面帰還できない町民を視野に入れた『富岡町災害復興計画（第一次）』（同年9月）、原地の復興に主な焦点をあてた『富岡町復興まちづくり計画』（2014年9月）をそれぞれ策定してきました。
　　しかし、町や町民を取り巻く状況が大きく変化し、かつ、避難指示解除時期の判断が近づいています。そうしたなかで、町は町民の生活再建と町の復興を方向づける最後のチャンスとして本計画をとらえています。

※下線部は、第二次復興計画の完成時に削除された内容のうち、事務担当者会議において、計画書に含むべき事項として了承されていた主たるものを示す（以下同じ）。

図3-5　陰の第二次復興計画（基本構想）案抜粋　その1

第3章　シャドープラン

「第三の道」という考え方

　町民にとっての「生活再建」と「帰還」、あるいは「町とのかかわり」は、それぞれが置かれた立場や家族の状況などによって大きく異なります。たとえば、富岡町の住民組織が行った調査（検討委員会提示資料）からは、<u>**多くの人たちが「子どもたちの健康や将来」を第一に考え、「早期の帰還判断は難しい」**と考えている</u>ことが浮き彫りになっています。

　その人たちは、子どもが独り立ちしたり、親の老後の問題が解決したり、自分たちが定年になった時点で帰還と向き合う……と考えている。すなわち、町民にとっての**復興や帰還はかなり長期的な視点からとらえられている**ことがわかっています。

　私たちは<u>誰もが原発事故以前の暮らしを取り戻したい</u>と考えているのです。「**生活再建**」や「**帰還**」という問題は、「避難指示が解除されたら解決する」という単純なものではなく、**年齢や家族の状況などに応じて多様であり、かつ、その解決には時間がかかる**ということです。

　<u>しかし、**国主導のもと**でいま進められようとしている早期帰還政策は、将来の**帰還意思を持った人たちを切り捨ててしまう**</u>という危険をもはらんでいます。

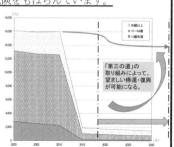

※具体的な例をあげてみましょう。町民意識調査（2012 年 12 月実施）にみる町への帰還以降は「戻りたい」「戻らない」「判断がつかない」は、それぞれ 15.6 ％、40.0 ％、43.3 ％です。「帰りたい」人たちが将来帰還する町民と仮定すると、富岡町の人口は 2017 年以降に避難指示が解除された時点で現在の約 10 分の 1 程度まで減少してしまうことが推計からわかります。こうして、<u>いまの国の政策をそのまま受け入れる限り、町消滅という危機を私たちみずからが招いてしまうことになるかもしれないのです。</u>

　そうならないためにも、<u>「いますぐには決めない」という判断を尊重する</u>、すなわち、

> **「来たるべき時期に町民一人ひとりが納得したかたちで判断できる」**
> その時が来るまで、町民どうしが離れていても、町や町民と
> さまざまなかたちで繋がりをもちながら判断できる。

　私たちはこうした環境を、長い目で整えていくことが必要だと考えます。「**すぐに戻ることはできないけど、いずれは戻りたい**」、「**戻れないけど町や町民と関わっていたい**」……そうした多くの人たちの生活再建と町の復興をめざす方向が、**早期の帰還と移住だけではない、「第三の道」という考え方**です。

図 3-5　陰の第二次復興計画（基本構想）案抜粋　その 2

第1節　計画編：再建シナリオ〜もう一つの物語〜

「第三の道」と復興

　先ほどふれたように、私たちは誰もが原発事故以前の暮らしを取り戻したいと考えています。それが私たち町民の＜本心＞です。しかし、原発事故の収束・廃炉作業が30〜40年を要するといわれていることからも、その実現には長い期間がかかります。

　おそらく、この間、帰還する人、判断がつかないまま避難生活を続ける人、やむをえず移住をする人……と町民は枝分かれしていきます。「第三の道」の考え方は、たとえ移住しようが、住民票を移そうが、その人たちも同じ町民であるということです。

　「お前が町に戻る頃には父ちゃんたちは生きていない、頼むぞ」。これはある町民がお父さんから言われた言葉です。町民のなかには「帰りたい」という意志をまっとうできずに、その思いを子どもや孫たちに託す人もいるかもしれません。こうした人たちも同じ町民なのです。

　町は、2017年3月に「現在の避難指示を解除するかどうか」の判断をすることになっています。避難指示が解除の方向で判断されると、そこから本格的な原地復興の取り組みが始まり、町への帰還が始まります。この間も避難を継続する人、移住した人も町民として町の復興にかかわっていただきます。

　やがては、除染と原発事故の収束・廃炉作業が完了する時がくるでしょう。その時点で初めて、町民誰もが＜本心＞を叶える帰還ができる状況に至り、帰還と復興をめぐる取り組みが完了するのだと、私たちは考えます。

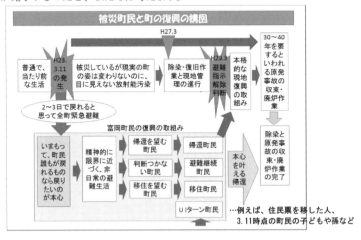

図3-5　陰の第二次復興計画（基本構想）案抜粋　その3

第3章　シャドープラン

計画の基本方針

　基本理念にもとづき、また、検討委員会で行った課題の洗い出しとそれを踏まえた施策の方向性などをふまえ、計画の**基本方針**として次に示す5つの方向を設定しました。

(1) 町民一人ひとりの暮らしを支えていく──個々の選択の尊重と心身のサポート
- 全国で避難生活を送る町民一人ひとりの意向を尊重し、町に帰還する、町外で生活を続けるにかかわらず、また年齢、性別、職業などの違い、さらに年月の経過にともなう生活状況の変化に対応した、心身両面でのサポートを継続的に実施していきます。
- また、長期的な視点に立ち、次世代を担う子どもたちの教育環境の整備にも力を入れ、子どもから高齢者までが安心して暮らせる環境やしくみを整えていきます。

> 【取り組み施策の例】「見える支援」サービス、都道府県担当者制度、行政手続き窓口の一元化とサポート、生活支援ブックの発行、避難先ニーズ確認事業、「出向いて話そう」お宅訪問事業、富岡帰還切符の発行、自立支援の働きかけ　など

(2) 段階的かつ着実に町の復興をすすめる──居住環境・産業・インフラなどの整備
- 帰還する人はもちろんのこと、避難生活を続ける人への支援も富岡町の復興があってこそ成り立ちます。そのためにも、将来にわたって町民が安全・安心に快適な暮らしを送ることができるよう、徹底した除染や災害に強いインフラの整備に努めます。
- 早期帰還者や一時帰宅した人が集い交われる拠点や復興公営住宅、また、富岡の歴史をふまえた町並みの保存・再生など、町の復興の求心力となる環境づくりを進めます。
- また、地域の雇用再生・創出にむけ、商業や医療など生活に必要な産業の再生に加え、夢のある新たな産業の育成や農業や漁業の再生を図ります。

> 【取り組み施策の例】富岡トムトムの活用（町内交流拠点）、町内長期滞在施設の整備、「里の駅」／一声寄り合い場の整備、先進的復興公営住宅の整備、ベンチャー育成事業、農地を活用した総合エネルギー政策、海洋調査・体験ツアー、除染研究・資源化施設の整備、広域交通ネットワークの強化・整備、復興祈念公園の整備　など

(3) 町や町民とのかかわりを守り、育む──町民で居続ける権利としくみの担保
- 町民一人ひとりが負担なく町民や町とかかわりを保ち続けられるしくみを整えます。
- こうしたつながりを維持・強化していくために、町民の持っている知恵や技術を生かし、自らが主役になれるよう工夫していきます。
- そのため、県内外を問わず町民のニーズや「やる気」の把握に努め、子どもから大人までさまざまな形でかかわりを持てるようできるしくみを整えていきます。また、必要性の高い要望事項にかんしては国県など関係機関へ積極的に働きかけていきます。
- 県内外に町民の交流拠点を整備したり、送迎支援などを行うことで、離ればなれに居ながらも町民どうしの交流機会を拡充していける環境を整えていきます。

図 3-5　陰の第二次復興計画（基本構想）案抜粋　その4

第1節　計画編：再建シナリオ〜もう一つの物語〜

【取り組み施策の例】お元気ですかカード、できます&お願い BANK 事業、避難先ニーズ確認事業【再掲】、子どもたちへの手紙事業、避難先と町を結ぶパイプ事業、「サロンからお出迎え」事業、富岡町民アクセスポイントの整備、映画や絵本「富岡」の制作、「富岡町民の日」制定、ふるさと納税と桜の植樹　など

---

(4) 正しい判断のため、真実を伝えるために――信じるに値する情報の整備と受発信

- 全国で避難生活を送られている町民に対し、町内の居住、生活関連サービスなどの復旧状況や放射能や除染、原発の事故収束や廃炉作業の安全性といった、<u>復興の取り組み状況の情報発信を強化</u>していきます。
- それにより、町民が、これから町への帰還、町外での暮らしなどの選択をするにあたり、その判断材料となる<u>正しくわかりやすい情報</u>を、さまざまな方法を用いて発信していきます。
- <u>また、原発事故を記録・継承するため、私たちの事故の経験と教訓を国内外に向けて広く発信</u>し続けていきます。

【取り組み施策の例】避難先ニーズ確認事業【再掲】、避難先と町を結ぶパイプ事業【再掲】、「富岡 NOW」（写真や動画投稿）の整備、富岡町報道局の創設、支援ツールに囲まれて満足感 UP ↗ 事業、子どもや若者向け「広報とみおか」の発行、原発事故語りべ事業、記録と復興の情報発信、復興祈念公園の整備【再掲】、残しとくべ（アーカイブ）事業　など

---

(5) 計画を実現していくために――<u>具現化に向けた町民の参加・協力・推進体制の整備</u>

- 復興計画実現のため、<u>町民が自立的に取り組むことができるしくみづくり</u>を進めます。また、<u>議会や行政内組織、利害関係組織との連携・協働など、計画の実現を後押しする実行体制づくり</u>を行います。
- また、予算の確保にあたっても、国の予算確保やさまざまな機関・組織などの支援を頂きながら計画を進めていきます。
- こうした取り組みを将来にわたって継続していくため、町の将来を担う<u>子どもや若い人たちにも町や復興に興味をもってもらえるよう</u>、情報の受発信や取り組みへの参画機会をさまざまなかたちで設けていきます。
- さらに、かつて国民が経験をしたことがない未曾有の危機の中で復興を進めていくため、現状の法制度の枠を超えた対応が必要な事項にかんしては、<u>原発事故被災地／当事者として、国県など関係機関へ積極的に働きかけていきます【再掲】</u>。

【取り組み施策の例】「復興計画検討委員会のその後」事業、子ども向け「広報とみおか」の発行【再掲】、子どもたちに富岡町を見てもらうツアー、子ども議会や自治会制度、富岡版「復興ノウハウ」蓄積事業　など

図 3-5　陰の第二次復興計画（基本構想）案抜粋　その 5

電の責任が曖昧なまま、国主導の早期帰還・原地復興に翻弄されている状況を確認し、第二次復興計画がその改善の手立てであることを説明している。この部分については、計画書の完成段階ですべて削除されている。

図3-5（その2）は、「第三の道」の説明文書である。基本的な考え方にかんしては、部分的に採用されたものの、町民の求心力を創るためのフレームにあたる部分の多くは計画書の完成段階で削除されている。

図3-5（その3）は、「第三の道」と復興との相互関係を説明した文書である。内容的に計画書に反映されていないともいえないが、早期帰還・原地復興を否定しているとも解釈可能な箇所については、すべて削除されている。

図3-5（その4・5）は、第二次復興計画の基本方針にかんする内容である。事務担当者レベルで確認・共有してきた内容（計画に盛り込むべき事項）、検討委員会からの主要意見などを極力盛り込むかたちで構成している。検討委員会部会から提案された施策・事業アイディアを盛り込み、計画書を手にした町民が具体的にイメージできるよう配慮した。これにかんしては、計画書の完成段階でほぼ全面的に削除されている。

上記のいずれの内容も、本節でこれまでみてきた検討委員会の議論をベースに組み立てたものであることはいうまでもない。

5　真の復興に向けて──事故後6年後の避難指示解除とその後

これまでみてきたように、第二次復興計画は当初の意図とは異なるかたちになり、検討委員会での議論の蓄積や施策・事業などアイディアのほとんどが計画から漏れ落ちてしまった。こうした帰結は、計画策定に関与した役場職員や住民ばかりでなく、新たな復興計画に期待を抱いた多くの住民を失望させることとなった。聞き取り調査等からは、住民の町役場を含む政治・行政に対する信頼は一層低下し、故郷とのかかわりを断つ人たちも増加していることが推察される。

しかしながら、この結果だけをもって富岡町の「真の復興」の道が絶たれ

第1節　計画編：再建シナリオ〜もう一つの物語〜

たとはいえない。その理由として2点を挙げたい。

　1点めは、決して十分とはいえないものの、計画書のなかには、「第三の道」をはじめ、施策の基本方向など、当初、第二次復興計画が目指そうとしていた内容（前項4参照）が部分的に盛り込まれていることに加え、施策レベルの検討内容が計画書の資料編として存在していることである。計画書自体は全国に離散した町民の求心力を得るには至っておらず、また、その求心力の基礎に据えるはずであった、原発事故災害をめぐる責任追及や必要な法制度整備の要求にかんする記述もほとんどが削除された。しかし、このまま何も手を打たなければ、検討委員の人たちが100時間以上を費やして議論し、積みあげてきた努力が「補償打ち切り後の、避難者の生活再建に向けた政策的対応」として、「復興施策全般のなかに『解消』されていく」ことになるであろう（除本2013）。そうした観点からも、計画書ならびに資料編のなかに、「真の復興」の具現化に必要な材料が＜生き残っている＞ことは一定程度評価すべきであろう。

　2点めは、避難先で居を構えた住民たちのなかには、いまなお、故郷とのかかわりをもち続けている人たちが少なからず存在するということだ。たとえば、福島県内外の避難先で住居購入者が増加するも、彼らからは、（避難先に住むことは）「帰らないというのとは違う」、「帰らないと決めたわけではない」、「あきらめきれない」などの声が聞かれる。あるいは、そうした避難先が避難元と往き来のできる時間距離内に確保されていたり、そこで家族や親族、故郷の友人との継続的な交友がはかれるような空間や時間が確保されているなど、避難先でもとの生活圏の一部が擬似的に再現されている状況が少なからず観察される。避難生活の長期化、復興計画策定の失敗、深まる行政不信……。さまざまな問題を生みながら事故後5年以上が経過した今なお、彼らが＜生きた＞故郷の経験・記憶・時間などが、避難先での生活の支えとなっている様子がうかがえる。

　現時点（2016年8月末）で、富岡町は2017年4月に帰還困難区域を除く避難指示区域の解除が予定されている。第二次復興計画によれば、2025

年時点の推計人口（定住者）を、帰還住民約2,500人、町外から移り住んでくる人口1,600人の計4,100人としている。これは、原発事故以前の約16,000人の約4分の1の規模にあたる。先に述べたように、帰還はせずとも、故郷とのかかわりを持ち続けている人は時間経過とともに減少する可能性はあるものの、こうした帰還の潜在可能性をもった人たちは存在する。その限りにおいて、あえて、第三者的立場から、また、研究者という立場からいえば、原発事故災害が地域社会にもたらした社会的現実から目をそらせないためにも、「真の復興」に向けた復興シナリオの具現化をあきらめてはならないのではないだろうか。

　原発事故後の被災地復興、被災者の生活再建、原地への帰還といった問題が解決されるまでには、世代を超える長い期間を要することが容易に推察できる。そのなかで、我々研究者は、物理的に存在し続ける空間・場所としての被災地自治体、ならびに、そこから引き離されながらも被災者のなかに存在する＜空間なき＞自治体（＝故郷）とどのように向き合い、「真の復興」に向けてどうかかわっていくべきか。今後も継続して調査研究を行い、その成果を蓄積し、政策科学として社会へ接合・還元していくことが求められている。

第2節　制度編：二重の住民登録

今井　照

1　原発災害避難の特徴

　東京電力福島第一原子力発電所の過酷事故による避難者や避難生活の概要については、既に多くが語られているが、改めてその特徴を簡潔に挙げると「広域」「長期」「大量」ということになる。これらはこれまでの水害や地震等の自然災害による避難とは異なる様相を示すものであり、したがって既存の災害救助法制では想定されていない。そこで、結果的に政策・制度が被災者の生活再建に向けた十分な支援に結びつかず、むしろ知らず知らずのうちに生活再建を妨げている可能性もある。

　よく知られているように、2012年6月に与野党の議員立法で制定された子ども・被災者生活支援法では、「当該放射性物質による放射線が人の健康に及ぼす危険について科学的に十分に解明されていないこと」（第1条）を前提に、「被災者生活支援等施策は、被災者一人一人が第8条第1項の支援対象地域[27]における居住、他の地域への移動及び移動前の地域への帰還についての選択を自らの意思によって行うことができるよう、被災者がそのいずれを選択した場合であっても適切に支援するものでなければならない。」（第2条第2項）と書かれている。ここでのポイントはこの事故による健康へ

27　支援対象地域とは、その地域における放射線量が政府による避難に係る指示が行われるべき基準を下回っているが一定の基準以上である地域をいう。

の影響は科学的に解明されていないということであり、だからこそ、それぞれの個人の選択が尊重され、かつその選択に応じた支援の必要があるということである。

　ところが現実にはそうなっていない。2015年6月、政府は閣議決定で、2017年3月までに帰還困難区域を除いて避難指示を解除する方針を定めた。避難指示の解除一般を否定するわけではないが、問題は避難指示の解除が避難者支援の打ち切りと連動するところにある。避難指示の解除と避難者支援の打ち切りが連動するのは、避難指示が解除された地域は「安全」であり、生活環境が元通りに再建されているという暗黙の了解に立っているからだが、自然災害とは異なる原発災害の特質から考えると、このような対応は完全に誤っている。そもそも原発災害においては、「安全」に関する科学的な解明は十分ではないというのが前提になっているのであり、しかも住宅という狭い意味に限ってみても再び住める条件が整っている人は少ない。しばらく避難を継続するというのが避難者の現実的な判断であり、現にこれまで避難指示が解除された地域では戻っている人が少なく、福島第一原発に近づけば近づくほどその数は減る。

　たとえば報道によれば、2011年9月に避難指示が解除された広野町では、2015年12月末日現在、戻っているのは2,393人、46.9％であり[28]、2014年4月に避難指示が解除された田村市の旧都路村地域では、2016年3月末日現在、戻っているのは約6割である[29]。2015年9月5日に避難指示が解除された楢葉町では、2016年9月2日現在で681人、9.2％となっている[30]。2016年7月12日に避難指示が解除された南相馬市小高区では800人、6.2％[31]、同6月12日に避難指示解除があった葛尾村では、直前

28　2016年4月23日開催の第10回福島12市町村の将来像に関する有識者検討会における広野町提出資料「広野町の復興の現状」。
29　『福島民報』2016年3月31日。
30　楢葉町ホームページ。
31　南相馬市ホームページ。

第2節　制度編：二重の住民登録

の準備宿泊申込者が113人、8.4％[32]などと、軒並み1割を下回っている。

このように、「帰還」でも「移住」でもなく、いずれ帰るが現在は避難を続けるという「避難継続（将来帰還、待避）」という「第3の道」の選択をしている人たちが避難者の多数を占めているのに対し、災害救助法制をはじめとした現行の政策・制度ではこの部分の避難者への支援がすっぽりと対象から抜け落ちてしまっている。しかし、原発災害が人為的な事故である以上、事故の原因者は避難者たちの生活再建が成るまで責任を果たし続けなければならないのは当然ともいえる。その政策・制度上の支援のひとつとして提案されているのが「二重の住民登録」である。本稿ではこのことに関する議論の推移と現状を整理しておきたい。

2　議論の構図

「二重の住民登録」とはどのようなものであり、どのようにして発想されたかについては、拙著『自治体再建―原発避難と「移動する村」』（今井2014）において詳述しているが、ごく簡単にまとめると、「二重の住民登録」とは、避難先と避難元での双方において市民としての権利と義務（シチズンシップ）を保障することである。現在の法制度上、市民としての権利と義務は、ほとんどの場合、住民登録をすることによって手続きが始まるので、避難先と避難元の双方で住民登録をできるようにするというのが簡便で合理的な方法になる。

原発災害発災直後から、この避難が10年、20年と長期化することが容易に想像されたことと、避難先において避難者がなぜか原発災害による避難であることを隠しつつ、身を潜めて暮らさざるを得なくなっているという現状から、「二重の住民登録」という提案が発想された。逆に、避難者が避難先に住民登録を移すことによって、いずれ帰るべき避難元の地域の復興や将

---

[32] 2016年4月23日開催の第10回福島12市町村の将来像に関する有識者検討会における葛尾村提出資料「葛尾村の復興に関する現状と課題」。

来像に対して関与できなくなるということを防ぐという目的もあった。

　後述するように、この5年半、「二重の住民登録」についてさまざまな議論が展開され、一部は原発災害避難者事務処理特例法として結実した（今井2011）。この法は、避難者が避難先において避難元で受けていた行政サービスを同様に享受できることを国が財源的に保障するものであった。制度のしくみが煩雑で観念的であるため、十分に活用されていないという現状はあるが、避難生活を一定程度安定化させるという効果はあった。ただし、これはあくまでも避難者を行政サービスの受け手として限定したものであり、避難者が主体的に避難先と避難元の双方の地域に関わっていく権利と義務を規定したものではない。逆に、避難先での地域社会においては、「市民でもないのに」という無理解を増長させ、別の軋轢を生む結果にもつながりかねないものだった。

　現時点における「二重の住民登録」をめぐる議論の構図にはふたつの流れがある。ひとつは原発災害避難者の「第3の道」という選択肢を支援するというこれまでの流れの延長上にある。たとえば、日本学術会議内の一組織として、東日本大震災復興支援委員会に原子力発電所被災住民の「二重の地位」を考える小委員会が発足している。これは2014年に発表された日本学術会議のふたつの提言（日本学術会議社会学委員会東日本大震災の被害構造と日本社会の再建の道を探る分科会「東日本大震災からの復興政策改善についての提言」2014年9月25日、と、日本学術会議東日本大震災復興支援委員会福島復興支援分科会『東京電力福島第一原子力発電所事故による長期避難者の暮らしと住まいの再建に関する提言』2014年9月30日）で、原発災害避難者に対する「二重の住民登録」が提案されたことを受けたもので、具体的な制度化を議論する組織である。

　もうひとつの流れは、2014年秋から政府政策のひとつとして急浮上した「地方創生」論議の一環として提案されているものであり、具体的には「構想日本」という組織が2015年8月に提案した「ふるさと住民票」に代表される。その趣旨書によれば、その目的は、人口減少時代に地方が活力を取

り戻し、魅力あふれる地域として再生していくために、住民の「複線的」な生き方に対応した「複線的な関係」の構築を目指すとしている。具体的には、自治体の出身者、ふるさと納税を行った人、自然災害などで他市区町村へ避難移住している人、複数の地域で居住している人や別荘を持つ人、住民登録をしていない一時的な居住者（学生を含む）などに対して「ふるさと住民票」を発行するというものである。提言者の中には現職の市町村長もいるので、条例によって当面の制度化が進む地域もあるかもしれない[33]。

「二重の住民登録」をめぐる議論の現状と構図は、以上のように大きくふたつに分かれるものであるが、ここに至った経過を振り返っておきたい。

3　議論の経緯

（1）国の反応

「二重の住民登録」という提案に対する国の最初の反応は「憲法上難しい」というものであった。報道によれば、「東京電力福島第一原発事故で避難中の住民が元の自治体と避難先の自治体の双方に住民登録する『二重の住民票』について、総務省は23日、『憲法上難しい』とする見解を福島県に伝えた。住民の転出を避けたい元の自治体と、行政サービスなどを提供する側の受け入れ自治体の両方から要望が出ていた」と書かれている[34]。ここで総務省が「憲法上難しい」とした理由や根拠は不明である。このことに関する公文書類は見当たらないので、おそらく会議の席上において口頭で示された見解と推測される。

日野（2016）によれば、毎日新聞社の記者が後日、情報公開請求をして入手した文書のうち、2012年8月30日付のパワーポイント資料に、「二重の

33　『朝日新聞』『読売新聞』2015年8月21日
34　『朝日新聞』2012年10月24日

住民票」についての言及が見られる。そこには、選挙権や課税など地方自治制度の根幹にかかわる問題がクリアできないとして、「制度化できない」という結論が書かれている。この資料は大臣へのレクチャー用として総務省市町村課が作成したものらしい。後述する国からの反応の時期に比べて、かなり早い段階でこのような意思決定が行われていたことを推測させる。つまり「二重の住民登録」を求める考えや世論が十分に展開される前から、既に門前払いの決定が行われていたのではないかと思われる。

　関係者の発言を見ると、「憲法上難しい」としている内容は選挙権の問題であるらしいということがわかる。雑誌の取材に対して、総務省から出向している復興庁幹部は「住民票は客観的居住の事実と意思（帰る意思）を表すもの。選挙権は住民票のある所にしかないし、納税も二重に課せない」「町外コミュニティは、役場の支所が町の外にあるというとらえ方で、町そのものは元の場所にある。住民は住民票を残したままでいいが、移す場合も、転勤族と同じように戻ったら住民票も元に戻せばいい」と語っている（浅田2013）。

　また、総務省自治行政局長（当時）の門山泰明は国会答弁の中で「一人の方が二つの住民票を持つという意味での二重の住民票ということにつきましては、一つは、選挙権、被選挙権を二重に持つといったようなことができるのか、やはりそれは適当ではないのではないか、それから、納税の義務につきましても、住民票の所在地と避難先、二重課税の問題が生じることがないのかどうかといったような問題が大きな問題としてございますことから、制度化は大変難しいというふうに考えております」と発言している[35]。このように選挙権と納税・課税の問題を盾にして国は制度化が困難という立場を崩していないが、「憲法上難しい」という立論は最初の新聞報道だけで、その後は明言を控えている。

　国がもうひとつの論拠として持ち出しているのは、地元からの要望はなく、

35　『衆議院総務委員会会議録』2014 年 4 月 22 日

第2節　制度編：二重の住民登録

他の制度で補完可能というものである。たとえば、総務省は地方自治制度の改正を論議する地方制度調査会（以下、地制調）という審議会において、有識者委員から「二重の住民登録」について議論すべきだという発言があったときに次のように答弁している。

「行政サービスも避難先で受けられますし、そこに住んでいる、住民票は元にあるけれども、今はここに住んでいますよという証明もできるようになりましたので、地元の福島県あるいは関係市町村も今、このスキームが動いていますので、当時、二重の住民票という議論がありましたけれども、今のところそのような声は地元の自治体からは聞いておりません」[36]

しかし、地元自治体から要望が出ていることは再三の報道でも明らかであり、だからこそ「憲法上難しい」という回答を総務省がしたのである。その直前の国会答弁でも新藤義孝総務相は要望があるということを次のように認めている。

「住民票を移動しない避難住民が避難先でサービスを受けるときに事務の手続に時間が掛かったりと、こういうようなことで二重の住民票を求める声というのがあると。それから、今も坂本副大臣の方から御説明させましたけれども、民間契約の際に避難先の住民票を求められると、こういうケースがあって、元々の住民票と避難先での住民票、二重の住民票を求める声が一部にあるというのは私も承知をしております」[37]。

以上のような経緯から考えると、なぜ総務省が「二重の住民登録」という提案を拒否しているのかという理由は定かではない。単に余分な仕事をやりたくないということなのか、あるいは「憲法上難しい」ということを本気で考えているのか、あるいはそれ以外に譲れない根拠が隠されているのかは依然として不明である。

---

36 『第30次地方制度調査会第32回専門小委員会議事録』2013年4月30日
37 『参議院総務委員会会議録』2013年3月25日

（2）有識者・研究者の反応

　これに対して有識者の反応はそれぞれの立場を反映して率直でもある。日本を代表する行政学者である西尾勝は著書の中で次のように書いている。「複数の市町村への住民登録を許容することは、転出・転入の正確な把握を一層困難にし、住民が現に居住している住所地を特定できなくなるばかりではなく、住民が複数の市町村において選挙権を有する結果になりかねず、選挙制度の根幹を揺るがすことにもつながるので、適当ではない」（西尾 2013）。

　西尾は自身でも説明しているとおり、原発災害直後、最も早く「二重の住民登録」を提案した一人であったが、ある時点から否定的な見解になる。その理由はここでも書かれているとおり、国家による国民管理が困難になるということにある。おそらく国家官僚の危惧もそのあたりにあるのだろう。

　一方、前述の原発災害避難者事務処理特例法制定時の総務大臣であり、この法の実現に向けて努力した片山善博は新聞のインタビューに対し、この法は順次、発展すべきものであるとして、「選挙権については国政選では現住所で1人1票だが、地方選は1人で二つの自治体の選挙を認める」「まず特例法を見直し、より実情に沿ったものにしてほしい。その中から『二重市民権』に、より近づく知恵も出てくるはずだ」と答えている[38]。

　片山総務相のもとでこの法の制度設計に関わった総務省のイデオローグでもある山﨑重孝は、論文の中で、一義的には否定的な見解を示しながらも、可能性として「二重の住民登録」につながるような議論の余地があることを認めている。

　「参政権の行使、公共サービスの提供及び負担分任の三つの要素を統一的に構成できなくなるような場合がごくごく例外的にありうることも否定できない」

---

38 『読売新聞』2013年3月7日

第2節　制度編：二重の住民登録

「もしもそのような状況（略）が現実のものとなるようなことがあったならば、『住民』をこれまでの伝統的な考え方から離れて、客観的居住の事実を抜きにして構成することが可能かどうかという問題に直面することになる」

「仮にそのような課題に直面することになる場合には、日本国憲法の下で何らかの立法的解決を図る余地がありうるかについて、慎重に検討する必要が生じると思われるのである」（山﨑 2011）

行政法学者の飯島淳子も似たような見解を次のように述べている。

「当該自治体の区域内における居住・生活の事実のみによって当然に与えられる地位としての『住民』概念が、そのままでは通用しなくなる可能性は、現実化している」（飯島 2011）

つまり、既存の概念や体系から考えるとイレギュラーではあるが、実態としてそのようなことが必要になる事態が現実に生じているのであれば、別の制度設計を考慮すべき余地はあるというものである。

最近では法学者の間でも、憲法違反という総務省の反応には否定的な意見が続いている。太田匡彦は次のように発言している。

「二地域居住と住所の問題ですが、そこはパターンを分ける必要があると思います。1つは、1人の人が行ったり来たりする。1人の人が2つ住所を持っていると見ることが可能ではないかというタイプの二地域居住があります。この場合は住んでいる時期を長期的に見て、夏はあそこ、冬はあそことかという感じであれば住所を2カ所認定することも、選挙権の問題を除けば実務的にも考えられるかもしれませんし、私は理論的には、少数派であることは自認しますが、二重に住所を認めて2つの地方選挙権を持ったとしても違憲にはならないのではないかという気もしてはいます」[39]

また、同じく法学者の長谷部恭男も「実は、私も太田委員と同じで、地方公共団体に関する限りは2つの選挙権を持つというのは、憲法は禁じて

39　『第31次地方制度調査会第16回専門小委員会議事録』2015年4月22日
40　同上

いないかもしれないと思っているのですが、ただ、そうなったときの問題点は投票価値の均衡を何を物差しに考えるか、非常に難しい理論的な問題が出てきますので、余り大声では言わないようにしております」[40]と言う。

このように、有識者委員から2つの選挙権は違憲ではないという意見が出ているためか、地制調の事務局である総務省は、昭和23年の最高裁判決を地制調の資料として席上配布している。その判決文には「上告人は右の住所に関し今日のような複雑な社会においては住所が二ヶ所以上あつても差支えない旨主張するけれども、若し論旨のように一人で二ヶ所に住所を有することができるものと解すれば同一人が二ヶ町村で選挙権を行使し或は同一町村で二つの選挙権を行使し得る結果となり、かゝる結果は町村制の認めないところであつて、(町村制第一二条第三項参照)選挙に関しては住所は一人につき一ケ所に限定されるものと解すべきである」とある。しかし、事件当時の町村制や現在の公職選挙法が2つの選挙権を認めていないことは争いようがないところであって、問題は2つの選挙権という立法が憲法違反に該当するか否かであり、この点については参照された最高裁判決は何も語ってはいない。

震災前から法学者の中には、思考実験として選挙権を分割するという提案も行われていた。斎藤誠は著書の中で、「なぜ、個人の居住地においてのみ自己決定権を招来しなければならないのか」「筆者は第一次分権改革の途上での考察において(略)地方選挙のクーポン制という発想＜つながりのあるところへの任意の選択投票を認める—勤務地に一票、居住地に四票…＞に言及した」と書いている(斎藤 2012)。

(3) 有識者・研究者の反応 A

以上のような見解に対して、もう少しポジティブに「二重の住民登録」を評価している のは、地域社会にフィールドをもつ社会学者や行政学者たちである。東日本大震災とその復興過程に積極的にコミットしてきた山下祐介

第2節 制度編：二重の住民登録

は、前述の日本学術会議の社会学委員会の提言に深くかかわったほか、著書においても詳細に「二重の住民登録」論を主張している（山下 2014）。

たとえば「原発避難という、制度が想定していない事態が発生してしまった」ので、「制度のほうを実態に合わせ、調整を図っていくべき」とし、さらに「長期避難で切れかかっている人々のつながりを壊さずに温存して、未来へと確かな形で誘導していこうという意図」であると高く評価している。

また山下と都市行政学者の金井利之は、日本都市センターが設置した「被災自治体における住民の意思反映に関する研究会」に在籍し、その報告書『被災自治体における住民の意思反映―東日本の現地調査・多角的考察を通じて』（日本都市センター 2014）や、共著『地方創生の正体―なぜ地域政策は失敗するのか』（山下・金井 2015）においても、それぞれの「二重の住民登録」論を展開している。

また金井は金井（2012b）で、空間なき自治体について論及し、加えて住民像を「対象住民」「公務住民」「市民住民」と腑分けした上で、それぞれについて論究を深めている（金井 2015a、金井 2015b、金井 2015c、金井 2015d）。

「二重の住民登録」論についての研究者の論評のうち、もっとも注目されるのは、飯尾潤が拙著『自治体再建―原発避難と「移動する村」』に対する書評として述べたものである（飯尾 2015）。飯尾は震災直後に政府が設置し、その後の復興計画の基本を作成した東日本大震災復興構想会議の検討部会で部会長という要職にあった。つまり永田町と霞が関の双方の事情に精通している研究者でもある。

飯尾はその立場から「行政関係者に本書に対して否定的な反応があるのは、現実の必要性とあるべき将来像との直接的連続が危ういものに見えるから」とし、「二重の住民登録」について次のように述べている。

「たとえば、無限定に『二重の住民登録』という用語が使われるが、現実の住民登録は、原則として人々が一つの住所を持つことを前提としている。それを変えるためには、本来は別の概念が必要となるはずである。もし避難

自治体や避難者の苦境を救うことを優先するならば、とりあえず今回限りの特例として、さまざまな制度設計を行うことの方が容易である。たとえば、避難自治体の権能を、元の地域で発揮されるべき一般の自治体の権能と、避難している住民の利益を代表する特別の団体としての権能に分けて理解すれば、一定の対処ができる可能性が高まる。ところが、避難しているのも普通の自治体だということにこだわれば、そうした制度的な工夫の余地が狭められてしまう。まして、日本の自治体制度を根本的に見直すということになれば、本書であげられている過去の例外的な措置を基盤とするだけでは足りないはずである」（飯尾2015）

　要は、原発避難者についての特例的制度として展開すれば霞が関の理解を得られたかもしれないが、一般制度論として主張するには足りないという主旨である。

　この他、「二重の住民登録」論に触発されて、自治体とは何か、住民とは何かという問いが、研究者間で議論されている（小原2014、佐藤2014、嶋田・阿部・木佐2015）。

4　議論の今後

「二重の住民登録」という議論は今後どのように推移していくだろうか。前述のように、現時点の議論にはふたつの潮流がある。ひとつは原発災害避難者のシチズンシップを多重的に保障する制度として発想されたものであり、もうひとつは限界集落問題に起因する「地方創生」政策の一環として構想されているものである。前者については、原発災害避難者に限定的な特例法として実現させるという手段と、多地域居住一般に広げて実現するという考え方があり、このうち多地域居住一般に広げるとすると、後者の「地方創生」政策における立法化に重なってくる。

　筆者としては飯尾のアドバイスもあって、当面は原発災害避難者の特例として限定的に考えているが、それ以外の考え方を否定するものではない。こ

第2節　制度編：二重の住民登録

のとき最大の問題は、実際の避難者がこのような政策・制度を必要としているか否かである。率直に言って、筆者は「二重の住民登録」は原発災害後1年以内に法制化しなければ意味がないと考えていた。避難生活が1年を経過すれば、次々と避難者は住民票を移し、避難自治体が事実上解体していくと考えたからである。ところが、現実にはそうならなかった。福島県庁の調査によれば、避難後5年経過の時点で、避難指示区域世帯で住民票を移している世帯は6.2%にすぎない（一部、子ども世代等を分離したものを除く）[41]。この数字ほぼ一貫して変化がない。また、広域避難者への聞き取り調査においても、相変わらず避難先と避難元との二者択一を迫られて苦悩している人たちにしばしば出会う（関西学院大学 災害復興制度研究所／東日本大震災支援全国ネットワーク（JCN）／福島の子どもたちを守る法律家ネットワーク（SAFLAN）編 2015）。このことから、依然として「二重の住民登録」の意義は高いと考えている。

しかし、2015年6月の閣議決定による2017年3月までの避難指示解除方針（帰還困難区域を除く）と、それにともなう原発災害避難者に対する支援の打ち切りは、大きな節目をもたらしかねないと危惧させる。

この節目は避難元自治体 にとっても大きな選択となる。結果的に避難を継続したいという住民を切り捨てることにつながるからである。このような姿勢が住民に明らかになれば、原発災害避難者は次々と住民票を避難先に移すことになるだろう。避難者の生活再建はもとより、避難元自治体 も「復興」を断念し、帰還する少数の住民と原発廃炉作業などに従事する多数の東電関係の一時的滞在住民によって、「別の」自治体に変身することになる。そうなればなおさら、原発災害までそこに暮らしていた住民はますます戻れなくなり、生活の復興が遠のくという悪循環が到来する。

さらに2016年度から被災自治体における住民登録の問題はまた別の深刻

41　福島県避難者支援課「福島県避難者意向調査」（2016年6月20日）。

な意味を持つようになった。地方交付税算定の基準となる人口は国勢調査を基にしているが、原発被災自治体と津波被災自治体については住民基本台帳を活用した修正を加味する特例措置が設けられたのである。

　自治体財政における歳入は地方税が基本であることは間違いないが、それだけでは全国的に共通する基礎的な行政水準を執行できない自治体もあるため、国税として徴収した一部の税を原資に財政調整と財源保障を行っている（地方交付税制度）。これによって全国どこに住んでいても日本国民としての基本的な行政水準、たとえば小中学校で教育を受けるとか、国民健康保険に入るなどのことが可能になる。こうした財政調整と財源保障を計算するために、国は自治体を運営する標準的な財政規模を想定する。その基準となるのがおおまかにいって人口と面積となっている。

　地方交付税算定に用いる人口は5年に1回の国勢調査を基にしており、2015年度までは2010年国勢調査の人口を使用している。2016年度からは2015年国勢調査の人口を使うことになるが、避難指示区域を抱える原発被災自治体では2015年国勢調査の人口がゼロか限りなく小さくなってしまう。そこで特例として2010年の国勢調査を使いながら、住民基本台帳の人口推移を掛けあわせて算出することになった（図3-6）。

　このような状況で住民が住民票を避難先に移しだすとどのようなことが起きるか。地方交付税が前提としている標準的な財政規模が縮小するということになる。激変緩和措置とマイナス10％という下限が設けられているので、当面の間、極端に減少するには至らないが、仮に人口以外の要素を省略すると、住民票の移動が10％あれば、災害前よりはマイナス10％の財政規模で市町村を運営することになる。つまり住民票を移すことがダイレクトに避難元の市町村の経営に影響するのである。これが一般の市町村の環境と異なるのは、進学や転勤によるふつうの転出ではなくて、避難を強いられている（≒いずれ帰ってくる）点にある。すなわち帰ることができるまちづくりが制約され、ますます帰ることができなくなるという負のスパイラルに入りこんでしまうのである。

第2節　制度編：二重の住民登録

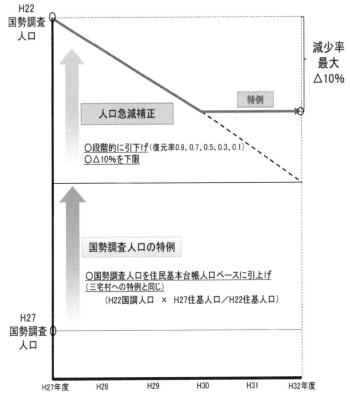

図3-6　交付税算定における原発被災自治体及び津波被災自治体の人口の特例
出典　総務省交付税課資料

岡田正則（早稲田大）は、原発災害避難住民の「二重の地位」の保障に関連して、具体的な法制度設計を、①避難元住民登録モデル（「生活の本拠」選択権の保障）、②避難先住民登録モデル（「帰還権」の保障）のふたつに類型化した上で、原発避難者事務処理特例法と住民基本台帳法の改正案を提案している[42]。不十分な点は残るものの、議論のたたき台としての意義が認められる[43]。

　事故から5年半を経過した段階においても、依然として多くの住民が住民票を移動していない状況とか、あるいは帰還困難区域を除いた避難指示が解除され、被災者支援が打ち切られると同時に住民票を移動させる住民が激増するかもしれないという状況を踏まえると、いまこそ、学術会議の原子力発電所被災住民の「二重の地位」を考える小委員会など、「二重の住民登録」をめぐる議論は重要になってくる。なぜなら、原発災害は旧来的な自然災害に対する政策・制度とは質的に異なるものを要請しているからである。大規模な被害が想定される首都直下地震など、このような状況は今後も発生するに違いないので、やはり、この議論には一定の決着をつけておく必要がある。

＊本節は、今井（2015）を基に、その後の状況を加味して、加筆補正したものである。

---

[42] 2016年9月19日開催、日本学術会議・帝京大学主催、日本学術会議公開シンポジウム「原発事故被災長期避難住民の暮らしをどう再建するか」における発言。
[43] シンポジウム会場においては、当面、公職選挙法をいじらないという前提のもとで選挙権を棚上げした岡田案に対し、自治体選挙資格の3か月要件を工夫して適用することで、少なくとも投票日に3か月の間隔があれば法の均衡上も選挙権の提案は可能ではないかという意見や、被災者の意向に沿った復興計画を策定するためには議員の被選挙権こそ重要ではないかという指摘が寄せられた。

おわりに

今井　照

　本書の研究母体である自治体再建研究会の活動経緯は次のとおりである。なお、本研究会は2014年度〜2016年度について、科学研究費基盤研究（C）「広域・長期避難者の市民権保障に向けた政策・制度開発に関する領域横断的研究」（課題番号26510003）を取得し、また今後は2016年度〜2019年度にかけては科学研究費基盤研究（B）「福島原発事故後の復興ならびに社会再編過程に関する行政社会学的領域横断研究」を活用して、調査研究を継続していくことにしている。

1　出発

　この研究会の出発点は、東京電力福島第一原子力発電所の過酷事故にともなう災害による広域避難者支援に取り組んでいた舩橋晴俊（法政大学）と山下祐介（首都大学東京）が、「（行政体としての）自治体のあり方」が広域避難者支援の問題解決の壁になっているという認識から、この分野について提言できる研究会を立ち上げることを提起したことから始まる。当時、広域避難者支援に関しては、社会学者が中心の3.11研究会、弁護士等が中心の賠償をめぐる研究会、環境法関係者が中心の日本環境会議、とみおか子ども未来ネットワークの活動、などが並行して動いていたが、「自治体のあり方」を問うものが欠落しているという問題意識があった。

　そこで山下は、当時、日本都市センターに置かれ、自らもメンバーであっ

た「被災自治体における住民の意思反映に関する研究会」の座長である金井利之（東京大学）に声をかけ、問題意識を共有している研究者、メディア、被災当事者、支援者等とともに、2013年夏ころから数回の準備会合を重ねたうえで研究会を発足させた。準備過程の中で、科学研究費（広域・長期避難者の市民権保障に向けた政策・制度開発に関する領域横断的研究）を取得した。さらに、研究会の構成員である今井照（福島大学）の『自治体再建』（ちくま新書）の刊行を機に、2014年2月18日に公開研究会を開催し、その書名に由来して本研究会は「自治体再建研究会」と命名された。

2　研究会の主な流れ

（1）富岡町役場副町長からの要請もあり、富岡町の復興計画策定過程に伴走しながら、国や派遣職員、避難者からの聞き取り、広域避難先における聞き取り調査（2014年7月新潟、2015年7月岡山・広島）を重ねたうえで、金井からの提起により「シナリオプランニング」を行った（本書）。

（2）とみおか子ども未来ネットワークのタウンミーティングを読み込み、富岡町復興計画（第二次）検討委員会に関与していた「山浦チーム」とも連携して、2015年1月〜2月の間、同委員会に参加した。

（3）これらの経験から抜き差しならない現実に対し、緊急的に一石を投じる「闘いの手段」として、山下からの提起により、金井×山下の対論を中心とした研究会の討論を整理して『地方創生の正体』（ちくま新書）を2015年10月に刊行した。

3　研究会の開催経過

第1回研究会
●日時　2014年4月29日14時〜17時30分
●主な内容

①富岡町の現状報告（副町長）
　②富岡町第二次復興計画について（現時点の想定）
　③政策と実態の乖離と「第三の道」具現化に向けた課題
　④本研究会と周辺研究会等とのかかわりほか

第2回研究会
●日時　2014年6月3日（火）10時～16時
●主な内容
　①富岡町役場が抱える課題（企画課長）
　②行政と住民との形成関係（金井報告）
　③その他の論点（「通う」復興への支援、財政、自治体賠償、
　　シナリオパターンの作成、富岡町復興計画との関わり）

第3回研究会
●日時　2014年7月8日（火）17時～20時30分
●主な内容
　①富岡町役場職員インタビュー
　②今後の研究会の予定

新潟調査
●日時　2014年7月26日（土）～28日（月）
●訪問先
　①共に育ち合い（愛）サロン　むげん（柏崎市）
　②小高町からの母子避難者（新潟市）
　③富岡町からの避難者（柏崎市）
　④新潟県庁広域支援対策課支援係（新潟市）
　⑤中越防災安全推進機構（長岡市）

第 4 回研究会
●日時　2014 年 9 月 9 日（火）15 時〜 20 時 30 分
●主な内容
　①経済産業省九州経済産業局　産業部　消費経済課、富岡町派遣聞き取り
　②復興庁統括官インタビュー

第 5 回研究会
●日時　2014 年 10 月 13 日（火）15 時〜 18 時
●主な内容
　①福島第一原子力発電所過酷事故の被害自治体の復興シナリオ（金井報告）
　②富岡町復興計画づくりの現段階と課題（佐藤報告）

第 6 回研究会
●日時　2014 年 11 月 1 日（土）15 時〜 19 時
●主な内容
　①没入シナリオ（佐藤報告）
　②被害者シナリオ（高木報告）
　③反省シナリオ（今井報告）
　④凍結シナリオ（市村報告）

第 7 回研究会
●日時　2014 年 12 月 2 日（土）15 時〜 19 時
●主な内容
　①旧産炭地「振興」物語（光本報告）
　②希望のシナリオ（青山報告）

第 8 回研究会
●日時　2015 年 1 月 12 日（月）15 時〜 19 時
●主な内容
　①長期ビジョンなき現状シナリオ（金井報告）
　②住民の声から導出される富岡まち長期ビジョン（金井報告）

第 9 回研究会
●日時：2015 年 3 月 23 日　15 時〜 19 時
●主な内容
　①富岡町の復興計画の進捗状況
　②今年度の振り返り
　③来年度の研究計画について

第 10 回研究会
●日時　2015 年 4 月 26 日　13 時〜 17 時
●主な内容
　①富岡町復興計画策定過程の検討
　②富岡町二次データ分析
　③年度計画の策定

第 11 回研究会
●日時：2015 年 6 月 1 日　17 時〜 20 時
●主な内容
　①前浪江町復興推進課長インタビュー
　②地域社会の統治構造（金井×山下対論）その 1

第 12 回研究会
●日時：2015 年 6 月 25 日　17 時〜 20 時

●主な内容
　①地域社会の統治構造（金井×山下対論）その2
　②訪問調査について（市村）

第 13 回研究会
●日時　2015 年 7 月 4 日　10 時～ 13 時
●主な内容
　①富岡町産業課長インタビュー
　②訪問調査について（市村）

岡山・広島調査
●日時　2015 年 7 月 31 日（金）～ 8 月 2 日（日）
●訪問先
　①岡山県庁　危機管理課　危機管理・国民保護班
　②岡山市役所　危機管理室　市民協働企画総務課　移住・定住支援室
　③浪江町からの母子避難者（玉野市）
　④磐梯町からの避難者（岡山市）
　⑤広域避難支援者（広島市）
　⑥広域避難支援者（岡山市）

第 14 回研究会
●日時　2015 年 8 月 27 日　13 時～ 17 時
●主な内容
　①富岡町復興計画（第二次）策定過程の総括（佐藤報告）
　②岡山・広島調査のまとめ
　③新書企画について

第 15 回研究会

●日時　2015年10月4日　13時〜17時
●主な内容
　①富岡町復興計画（第二次）検討委員会　市民委員ヒアリング
　②同　検証作業工程表の検討（第2回）（佐藤報告）

第16回研究会
●日時　2016年1月24日①①　17時〜20時
●主な内容
　①とみおか子ども未来ネットワーク理事との意見交換
　②もうひとつの「復興計画」づくり（佐藤資料確認）
　③地域の復興に向けて想像されるシナリオづくり（高木報告、今井報告、市村報告、金井資料確認）

第17回研究会
●日時　2016年2月29日（月）14：00〜
●主な議題
　①ランドブレイン（株）ヒアリング

4　被災者の生活再建について

　本書は原発被災地と言う空間に注目しながらその復興のあり方について提言をしたものである。しかしその前提として、何よりも被災者の生活再建があるということは言うまでもない。このことについては、既に本研究会の構成員（研究分担者）、研究協力者、オブザーバーなどが多くの発言を繰り返している。内容に踏み込むことは本書の主題にそぐわないが、本文中に言及されているものや参考文献表にあるものを除き、被災者の生活再建に関する論稿から特に最近のものについて紹介しておきたい。
　本研究会の発案者である故舩橋晴俊（法政大学）と山下祐介（首都大東京）

おわりに

の二人が中心となってとりまとめたものに、日本学術会議の二つの提言がある。

①日本学術会議社会学委員会（東日本大震災の被害構造と日本社会の再建の道を探る分科会）「原発災害からの回復と復興のために必要な課題と取り組み態勢についての提言」2013 年 6 月 27 日

②日本学術会議社会学委員会（東日本大震災の被害構造と日本社会の再建の道を探る分科会）「東日本大震災からの復興政策の改善についての提言」2014 年 9 月 25 日

これらとは別に、今井照（福島大学）が関わったものとしては次のものがある。

③日本学術会議東日本大震災復興支援委員会　福島復興支援分科会『東京電力福島第一原子力発電所事故による長期避難者の暮らしと住まいの再建に関する提言』2014 年 9 月 30 日

いずれも日本学術会議のホームページから読むことができる。

また山下の近著としては、次のものがある。

④山下祐介（2016）「帰還政策が推進される本当の理由」『世界』2016 年 9 月号

研究協力者である菅野利行（富岡町）は、次の本に自らの体験を手記として掲載している。

⑤菅野利行（2016）「原発避難のリアル」今井照・自治体政策研究会編『福島インサイドストーリー──役場職員が見た原発避難と震災復興』公人の友社

また同じく研究協力者の青山彰久（読売新聞社）は原発被災地とそこで生活する人たちのすぐれたルポを発表している。

⑥青山彰久（2011）「連載　原発避難」『読売新聞』2011 年 6 月 23 日〜29 日

⑦青山彰久（2016）「震災 5 年　背中押す　ふるさとの味」『読売新聞』2016 年 3 月 15 日

本書のバックグラウンドを理解するために、これらの文書もまた手に取ってくださるようにお願いしたい。

〈参考文献〉

赤木須留喜（1978）『行政責任の研究』岩波書店
秋葉忠利（2012）『ヒロシマ市長』朝日新聞出版
浅田和幸（2013）「福島原発周辺4町「仮の町」に難問山積」『日経グローカル』211号
朝日新聞いわき支局編（1980）『原発の現場―東電福島第一原発とその周辺』朝日ソノラマ
飯尾潤（2015）「＜書評＞今井照『自治体再建―原発避難と「移動する村」』（筑摩書房、2014年）」『年報行政研究』50号
飯島淳子（2011）「国と自治体の役割分担―「連携」の可能性」『ジュリスト』2011年8月1日・15日合併号
今井照（2008）『「平成大合併」の政治学』公人社
今井照（2011）「原発災害事務処理特例法の制定について」『自治総研』2011年9月号
今井照（2014）『自治体再建―原発避難と「移動する村」』筑摩書房
今井照（2015）「「二重の住民登録」をめぐる議論について」『復興』14号（2015年11月）
今井照（2016）「原発災害避難者の実態調査（5次）」『自治総研』2016年4月号
宇沢弘文（2000）『社会的共通資本』岩波書店
小熊英二（2014）「ゴーストタウンから死者は出ない―日本の災害復興における経路依存（下）」『世界』2014年5月号
開沼博（2011）『「フクシマ」論』青土社
加藤陽子（2009）『それでも、日本人は「戦争」を選んだ』朝日出版社
金井利之（2008）『実践自治体行政学』第一法規
金井利之（2010）「自治体行政における地域福祉サービス」宮島洋・西村周三・京極高宣編『社会サービスと地域　社会保障と経済3』東京大学出版会
金井利之（2012a）『原発と自治体』岩波書店
金井利之（2012b）「『空間なき市町村』の可能性」『自治体学』26巻2号
金井利之（2014）「基礎自治体における総合計画を通じた政策形成」埼玉大学社会

〈参考文献〉

調査研究センター『政策と調査』第6号
金井利之（2015a）「公務住民側面から見た自治体・空間の関係」『自治総研』438号（2015年4月号）
金井利之（2015b）「市民住民側面から見た自治体・空間の関係」『自治研究』91巻6号（2015年6月号）
金井利之（2015c）「対象住民から見た自治体・空間の関係」嶋田・阿部・木佐編『地方自治の基礎概念―住民・住所・自治体をどうとらえるか？』公人の友社
金井利之（2015d）「地方治態の三要素―住民・区域・自治体―」宇野重規・五百旗頭薫編『ローカルからの再出発』有斐閣
関西学院大学 災害復興制度研究所／東日本大震災支援全国ネットワーク（JCN）／福島の子どもたちを守る法律家ネットワーク（SAFLAN）編（2015）『原発避難白書』人文書院
神原勝・大矢野修（2015）『総合計画の理論と実務』公人の友社
小原隆治（2014）「自治体の区域、自治体と区域」『行政管理研究』145号
小原隆治・稲継裕昭（編）（2015）『震災後の自治体ガバナンス』東洋経済新報社
斎藤誠（2012）『現代地方自治の法的基層』有斐閣
齊藤誠（2015）『震災復興の政治経済学』日本評論社
佐藤彰彦（2013）「原発避難者を取り巻く問題の構造――タウンミーティング事業の取組・支援活動からみえてきたこと」『社会学評論』64（3）
佐藤克廣（2014）「「住民」をめぐる断章―「二重の住民登録」論に寄せて」『北海道自治研究』544号
嶋田暁文・阿部昌樹・木佐茂男編著（2015）『地方自治の基礎概念－住民・住所・自治体をどうとらえるか』公人の友社
自由民主党東日本大震災復興加速化本部／公明党東日本大震災復興加速化本部（2016）『「東日本大震災 復興・創生期間」のスタートに向けた決意――オリンピック・パラリンピック東京大会までに』
高木仁三郎（2000）『原発事故はなぜくりかえすのか』岩波書店
高木竜輔（2015）「復興施策と地域社会―広野町の商工業からみる課題」除本理史・渡辺淑彦編『原発災害はなぜ不均等な復興をもたらすのか』ミネルヴァ書房
高橋哲哉（2012）『犠牲のシステム　福島・沖縄』集英社
竜田一人（2014）『いちえふ』第1巻　講談社
チームさかわ（2016）『みんなでつくる総合計画―高知県佐川町流ソーシャルデザ

〈参考文献〉

イン』学芸出版社
知念ウシ（2013）『シランフーナー（知らんふり）の暴力』未來社
とみおか子ども未来ネットワーク（2013）『とみおか子ども未来ネットワーク　活動記録 vlo.1』とみおか子ども未来ネットワーク
内閣府（2007）『復興準備計画策定の推進に関する調査報告書』
直野章子（2011）『被ばくと補償』平凡社
永井進・寺西俊一・除本理史編（2004）『環境再生―川崎から公害地域の再生を考える』有斐閣
永井學・金井利之・五百旗頭薫・荒見玲子（2015）『大飯原子力発電所はこうしてできた』公人社
西尾勝（2013）『自治・分権再考』ぎょうせい
日本都市センター（2014）『被災自治体における住民の意思反映－東日本大震災の現地調査・多角的考察を通じて』
ハイデン、キース・ヴァン・デル（1998）『シナリオ・プランニング　戦略的思考と意思決定』ダイヤモンド社
ハッピー（2015）『福島第一原発収束作業日記―3・11からの700日間』河出書房新社
浜井信三（1967）『原爆市長－ヒロシマとともに二十年』朝日新聞社
原田晃樹・金井利之（2010）「看取り責任の自治（上）（下）」『自治総研』2010年4月号、5月号
日野行介（2014）『福島原発事故　被災者支援政策の欺瞞』岩波書店
日野行介（2016）『原発棄民』毎日新聞出版
廣井悠（2014）「福島原子力発電所から避難行動に関する調査と分析」『都市計画論文集』49巻3号
福島大学うつくしまふくしま未来支援センター（2014）「原発事故広域避難者の発言を用いた質的統合法（ＫＪ法）分析結果からみた問題と構造／今後の対応課題に関する報告書」
舩橋晴俊（2014）「「生活環境の破壊」としての原発震災と地域再生のための「第三の道」」『環境と公害』43（3）
古川美穂（2015）『東北ショック・ドクトリン』岩波書店
増田寛也（2014）『地方消滅』中央公論社
丸山眞男（1964）『〔増補版〕現代政治の思想と行動』未來社

〈参考文献〉

光本伸江（2011）『自治の重さ』敬文堂
山浦晴男（2015）『地域再生入門』筑摩書房
山﨑重孝（2011）「住所と住民に関する一考察」『地方自治』第767号
山下祐介（2014）『地方消滅の罠』筑摩書房
山下祐介・市村高志・佐藤彰彦（2016）『人間なき復興』筑摩書房
山下祐介（2015）「東日本大震災復興の道すじ—被災者の思いと自治体行政の課題」『地方自治職員研修』2015年3月号
山下祐介・金井利之（2015）『地方創生の正体—なぜ地域政策は失敗するのか』筑摩書房
山中茂樹（2009）「事前復興計画のススメ」『災害復興研究』第1巻
山本薫子・高木竜輔・佐藤彰彦・山下祐介（2015）『原発避難者の声を聞く』岩波書店
除本理史（2013）『原発賠償を問う—曖昧な責任、翻弄される避難者』岩波書店
除本理史（2015）「避難者の「ふるさとの喪失」は償われているか」淡路剛久・吉村良一・除本理史編『福島原発事故賠償の研究』日本評論社
除本理史（2016a）「原発事故による「ふるさとの喪失」:「社会的出費」概念による被害評価の試み」植田和弘編『大震災に学ぶ社会科学　第五巻　被害・費用の包括的把握』東洋経済新報社．
除本理史（2016b）『公害から福島を考える—地域の再生をめざして』岩波書店
除本理史・林美帆編著（2013）『西淀川公害の40年—維持可能な環境都市をめざして』ミネルヴァ書房．
吉岡斉（2011）『新版原子力の社会史その日本的展開』朝日新聞出版
吉田千亜（2016）『母子避難』岩波書店

〈執筆者紹介〉

金井 利之（編者、第 1 章）
1967 年生まれ。東京大学法学部・大学院法学政治学研究科・公共政策大学院教授。

今井　照（編者、第 2 章第 2 節、第 3 章第 2 節、おわりに）
1953 年生まれ。福島大学行政政策学類教授。

高木 竜輔（第 2 章第 1 節）
1976 年生まれ。いわき明星大学教養学部地域教養学科准教授。

市村 高志（第 2 章第 3 節）
1970 年生まれ。NPO 法人とみおか子ども未来ネットワーク理事長。

佐藤 彰彦（第 3 章第 1 節）
1964 年生まれ。高崎経済大学地域政策学部准教授。

原発被災地の復興シナリオ・プランニング

2016 年 11 月 25 日　初版発行

編著者	金井利之・今井　照
発行人	武内英晴
発行所	公人の友社
	〒 112-0002　東京都文京区小石川 5-26-8
	TEL 03-3811-5701　FAX 03-3811-5795
	e-mail: info@koujinnotomo.com
	http://koujinnotomo.com/
印刷所	倉敷印刷株式会社

ISBN978-4-87555-691-6

新刊

福島インサイドストーリー

役場職員が見た原発避難と震災復興

今井　照・自治体政策研究会　編著

定価（本体 2,400 円＋税）

　本書は原発避難と震災復興について、当事者の一員であった役場職員による証言録である。5年を経過して初めて語ることができることもあれば、6年を過ぎてしまうと語れなくなってしまうこともある。そういう意味で、引き続き日本各地で起きることが予想されている大災害に備えるためばかりではなく、これからの地域づくりや自治体再建のために、一級の歴史資料としての価値があると確信している。

（「はじめに」より）

好評発売中

挽歌の宛先
祈りと震災

河北新報社編集局　編

定価（本体 1,600 円＋税）

- 河北新報の好評連載の書籍化
- 東日本大震災の被災地にはさまざまな宛先の挽歌がこだまする。
- これからも耳を澄ませていくことが、亡き人の魂を鎮め、残された人の思いをそっと受け止めることにもつながるのではないか——。
- 本書の刊行には、そうしたメッセージも込めている。

（「あとがき」より）